VOYAGE

De Leurs Altesses Royales

MONSEIGNEUR LE DUC ET Mme LA DUCHESSE DE NEMOURS

A BORDEAUX

ET DANS LE DÉPARTEMENT DE LA GIRONDE.

BORDEAUX,

IMPRIMERIE DE P. FAYE, FOSSÉS DE L'INTENDANCE, 45,

Et Rue du Chapelet, 2.

1845

VOYAGE

De Leurs Altesses Royales

MGR LE DUC & MME LA DUCHESSE DE NEMOURS.

———◦◦◦———

LIBOURNE.

Le 23 juillet 1845, LL. AA. RR. M. le duc et Mme la duchesse de Nemours quittaient le palais des Tuileries pour se rendre au chemin de fer d'Orléans. Ils allaient visiter le centre et le midi de la France, et recevoir partout sur leur passage les témoignages les moins équivoques de l'amour des populations pour la dynastie de juillet.

Après avoir traversé les départemens du Cher, de l'Indre, de la Creuse, de la Haute-Vienne, de la Corrèze et de la Dordogne, le 3 août, LL. AA. RR. sont arrivées, à trois heures de l'après-midi, sur la limite du département de la Gironde.

Le préfet du département, le sous-préfet de Libourne, plusieurs maires et curés des communes du canton de Coutras, attendaient LL. AA. RR. au relai de Saint-Médard-de-Queyries, où les avaient précédées M. le préfet du département de la Dordogne et le général Sillègue, commandant le même département. La population se pressait autour de la voiture de LL. AA. RR. Le prince mit pied à terre, et M. le baron Sers complimenta dans les termes suivants LL. AA. RR.:

« Monseigneur, Madame,

» Votre présence au milieu des populations du département de la Gironde va faire éclater les sentimens dont elles sont animées pour la dynastie d'Orléans. Depuis 1830, chaque jour ajoute à ses titres à l'affection de la France. L'accueil qui attend vos Altesses Royales dans les belles vallées de la Dordogne et de la Garonne sera spontané comme toutes les marques d'attachement dont vos pas sont semés depuis plusieurs jours ; les Français n'ont jamais été plus libres, l'autorité ne pouvait rien sur des cœurs qui volent au-devant de vous.

» Vous trouverez ici, Monseigneur, un peuple tranquille et laborieux, confiant dans la sagesse du Roi, heureux des bienfaits de son règne. Il s'est ému de fierté à la prise d'Anvers, à celle de Constantine, de Saint-Jean-d'Ulloa, aux brillants combats de la Smala et de Mogador. Ces glorieux faits d'armes ont consolidé la paix si nécessaire au département dont vous venez connaître les besoins et apprécier la situation. Elle a fait éclore les grands travaux destinés à rendre la splendeur à son commerce, en le mettant en contact avec la capitale, avec la Méditerranée et la frontière d'Espagne.

» L'aménité des habitans de la Gironde, leur amour de la justice et de l'ordre, ont secondé la généreuse persévérance du Roi pour fonder la puissance publique sur les lois, la liberté sur le respect des droits de chacun des citoyens de ce vaste empire.

» Un jour, que vos vœux et les nôtres éloignent de nous, vous guiderez dans les mêmes voies le jeune prince sur lequel reposent de si hautes destinées, tant d'espérances fondées sur son illustre origine, sur la sollicitude éclairée autant qu'elle est tendre, de la mère qui veille à son éducation, sur les nobles exemples dont il fut entouré dès son berceau ; nos enfants seront prêts alors, Monseigneur, à se dévouer avec vous, pour maintenir l'œuvre sublime de votre auguste père. Ils auront gardé la mémoire de votre gracieuse visite, dans laquelle vont se serrer de plus en plus les liens qui unissent au trône les nouvelles générations.

» Les acclamations de l'excellent peuple de la Gironde seront aussi pour vous, Madame ; il sait que vous partagez les soins pieux et charitables de notre bonne reine, pour soulager toutes les infortunes ; jamais la bienfaisance et la piété ne lui sont apparues sous des traits plus dignes de les faire chérir. »

S. A. R. a répondu :

» Monsieur le préfet,

» En entrant dans le beau département de la Gironde, nous y por-
» tons des cœurs émus par le passé et préparés à toutes les émotions
» de l'avenir. Nous sentons déjà combien seront précieuses pour nous
» les sympathies de populations si dévouées aux institutions du pays,

» si éclairées, si puissantes, et en même temps si modérées. Com-
» muniquer avec elles, les connaître et en être connus , c'est , vous
» le savez, un vœu parti de haut et que nous venons religieuse-
» ment accomplir. Nous aurons pour nous , dans cette grande mis-
» sion, les auspices qui nous l'ont commandée, les sentiments qui
» nous l'ont fait accepter avec joie, et ceux qui vous l'ont fait atten-
» dre avec une impatience dont nous sommes vivement touchés. Nous
» acceptons avec bonheur les assurances que vous nous apportez sur
» la limite d'une hospitalité qui finit et d'une nouvelle hospitalité qui
» commence. »

Le curé de St-Médard est ensuite avancé près du prince et lui a
présenté un énorme projectile trouvé dans les murs de son église, où
il avait été lancé par les canons de la bataille de Coutras. Dans un
discours parfaitement pensé, le bon curé a rappelé au prince les souvenirs du vaillant roi son ancêtre.

De jeunes demoiselles de St-Médard ont offert des fleurs à la princesse. S. A. R. les a accueillies avec cette grace si parfaite qui charme
tous ceux qui l'approchent.

LL. AA. RR. ont ensuite continué leur route vers Libourne.

Sur la hauteur du Petro, elles ont trouvé toute la population d'Abzac et de Coutras. Le maire et le curé d'Abzac ont complimenté le
prince, pendant que des jeunes personnes offraient des fleurs à la
princesse.

De la hauteur où étaient la tente et l'arc de triomphe dressés pour
recevoir LL. AA. RR., on découvre la plaine de Coutras , dans laquelle l'Isle serpente au milieu des prairies. La vue admirable que
l'on a de cet endroit, a été remarquée par LL. AA. RR. Le prince
s'est fait expliquer les circonstances de la bataille , restées dans les
traditions du pays.

Près de Libourne, le prince a été reçu par M. le lieutenant-général marquis de Castelbajac , à la tête des chasseurs du 1er régiment.
Un détachement de la garde nationale à cheval s'était porté à 3 kilomètres en avant de la tente où le maire et le corps municipal attendaient LL. AA. RR.

Voici le discours prononcé par M. le Maire de Libourne .

« Monseigneur, Madame;

« C'est pour les habitants de la ville de Libourne un bien heureux jour
que celui qui amène au milieu d'eux les illustres enfants du Roi.

» VV. AA. RR. ont trouvé et trouveront encore dans les villes qu'elles honorent de leur présence plus de pompe, plus de magnificence ; nulle part elles ne rencontreront des cœurs plus dévoués, des amis plus sincères du trône de Juillet.

» Le Roi votre père, *qui veut savoir*, vous envoie vers nous , Monseigneur, pour connaître nos besoins.

» Il y a deux jours à peine j'étais loin de penser avoir à vous entretenir du fléau destructeur qui vient de frapper plusieurs de nos communes; ce sont, il est vrai, des souffrances accidentelles ; mais malheureusement trop souvent appesanties sur nous, elles deviennent des calamités publiques sur lesquelles nous vous supplions d'appeler les secours du gouvernement du Roi.

» Quant à nos besoins généraux , Monseigneur, lorsque Vos Altesses Royales auront parcouru des contrées hier encore si belles et maintenant si désolées, vous pourrez dire au Roi que, pour rendre heureux le producteur qui languit souvent au milieu de ses richesses , il suffirait de lui faire librement écouler ses produits et de le débarrasser des entraves qui semblent faire de ses vins une marchandise prohibée.

» Mais en lui faisant connaître ce qui manquera au bien-être de ce pays, dites-lui bien aussi, Monseigneur, qu'ici les cœurs ne sont ni ingrats, ni oublieux des services rendus. Dites-lui bien que quinze années de paix, de bonheur, de liberté, ont profondément attaché nos populations à sa dynastie.

» Venez, Monseigneur, et vous, Madame, digne fille de notre Reine vénérée, venez au milieu d'un peuple impatient de vous connaître et de vous donner les témoignages de son respect et de son dévouement. »

Le prince a prononcé, en réponse, quelques paroles nobles et dignes qui ont vivement ému l'assemblée. Il a appris avec un vif sentiment de douleur, qu'un orage avait, la veille, détruit une partie de la récolte des environs.

Alors a eu lieu, à cinq heures, l'entrée à Libourne, au milieu d'une foule immense. M. le duc de Nemours est monté à cheval pour se rendre à l'Hôtel-de-Ville. Mme la duchesse avait dans sa voiture Mme la comtesse d'Oraison , sa dame d'honneur , M. le lieutenant-général Boyer , et M. le baron Sers. LL. AA. étaient escortées par la garde nationale, par un escadron du 1er Chasseurs, et un bataillon du 14e régiment d'infanterie de ligne. Le cortége s'est ainsi avancé au milieu des flots de la population qui se pressait sur les pas de LL. AA. RR. , aux cris mille fois répétés de : Vive le Roi ! vive le duc de Nemours ! vive Madame la duchesse !

Arrivé à l'Hôtel-de-Ville, le prince a reçu tous les corps et tous les fonctionnaires publics. Les dames ont aussi eu l'honneur d'être présentées à la princesse par Madame la duchesse Decazes.

Voici le discours prononcé par M. le Président du Tribunal de première instance, à Leurs Altesses :

« Monseigneur et Madame,

» Appelé à l'honneur d'être auprès de VV. AA. RR. l'organe des sentimens du tribunal de première instance de Libourne, je viens vous apporter l'expression de son respect et de son dévouement.

» Cet empressement des populations accourues sur votre passage, l'enthousiasme qu'elles laissent partout éclater, vous disent assez l'attachement du pays pour la dynastie à qui la France a confié le dépôt de ses lois et de sa liberté.

» Pour nous, il sera bien long-temps présent à nos cœurs le jour qui amène dans notre cité un de ces fils de France que d'augustes exemples ont formé pour le bonheur et la gloire de la patrie, et avec lui une princesse si française par les sentimens, française encore par notre adoption.

» Daignez, Monseigneur et Madame, recevoir avec votre bienveillance accoutumée nos respectueux hommages. C'est à la fois comme magistrats et comme citoyens que nous sommes venus vous les offrir. »

Le prince a répondu :

« Je vous remercie, monsieur le président, des sentimens que vous
» venez de m'exprimer, et qui sont si bien en harmonie avec ceux que
» j'ai trouvés parmi la population, à mon entrée dans cette ville. Je
» sais tout ce que la magistrature française déploie de zèle pour l'ad-
» ministration de la justice, et je sais aussi qu'elle s'associe à tous les
» sentimens du pays. »

M. le président du Tribunal de Commerce :

« Monseigneur, Madame,

» Soyez les bienvenus au milieu de nous ! Il nous est doux de vous le dire, vous arrivez au milieu de populations calmes, laborieuses, amies de l'ordre et dévouées au Roi dont elles savent apprécier la haute sagesse ; leurs acclamations, leur empressement autour de vous, témoignent de l'attachement profondément senti qui les anime pour l'auguste dynastie de Juillet.

» Ces démonstrations éclatantes vous expriment aussi, Monseigneur, toutes les espérances que nous avons mises en vous, futur dépositaire de nos destinées, pour la continuation de la politique d'ordre et de paix qui seule peut faire fleurir notre patrie.

» Vous venez étudier nos contrées, nos besoins; déjà un prince qui fut l'objet de nos plus vives sympathies, et dont la perte voue la France à un deuil éternel, avait écouté avec son intelligente sollicitude, les voix amies et respectueuses qui lui parlèrent des souffrances de notre commerce et de la propriété vinicole. Ces graves questions fixaient alors l'attention du gouvernement; elles la méritent toujours au même degré, quoique par lui négligées aujourd'hui.

» Permettez-nous, Monseigneur, d'appeler sur elles vos méditations. Nous connaissons les nécessités du gouvernement représentatif. Il est trop vrai que des intérêts contraires et puissants par leur union paralysent l'action du gouvernement ; ils empêchent qu'une protection égale ne couvre tous les enfants de la grande famille ; et par là une des branches les plus précieuses de la culture nationale languit, réclamant en vain sa part de justice et de protection.

» Mais votre voyage et votre séjour dans nos contrées, gages de la sollicitude paternelle du Roi, nous sont garants que des jours meilleurs luiront pour elles. Vous vous serez éclairé sur les intérêts si considérables du Midi. Nous nous confions désormais dans votre puissante intervention.

» Et vous, Madame, que la France adopte avec bonheur, daignez aussi recevoir nos hommages; nous sommes heureux de vous compter au nombre des enfants de notre Reine vénérée, dans cette famille si riche de vertus et de patriotisme, qui fait la joie et l'orgueil de la France. »

Le prince a répondu :

« Je suis heureux des sentiments que vous me témoignez. En ve-
» nant dans vos contrées, je désire surtout m'enquérir de leur situa-
» tion, de leurs besoins, j'y consacrerai les moments que je dois
» passer parmi vous.

» Croyez que tous mes vœux sont pour la prospérité de votre
» pays. J'appuierai auprès des ministres toutes les mesures qui
» peuvent atteindre ce but et réaliser les améliorations que vous
» réclamez. Heureux si je peux rattacher à mon passage quelques
» mesures efficaces en faveur des intérêts dont vous venez de m'ex-
» primer les besoins ; heureux aussi de témoigner toute ma recon-
» naissance de l'accueil plein de joie et d'amitié que la duchesse et
» moi avons reçu à Libourne. »

La garde nationale était en bataille sur la place de l'Hôtel-de-Ville où le Prince est allé la passer en revue. Sa tenue était parfaite : grenadiers, voltigeurs, artilleurs et marins avaient rivalisé de zèle, et le commandant a été plusieurs fois félicité par le Prince à ce sujet.

Après la revue, LL. AA. RR. se sont rendus à l'Hôtel-des-Princes, où un service de trente couverts avait été préparé par leur ordre. Elles ont reçu à leur table les principaux fonctionnaires. Le Prince avait à sa droite Mme la duchesse Decazes, et à sa gauche, M. le baron Sers; M. le duc Decazes était à la droite de la princesse, et M. le lieutenant-général Castelbajac à sa gauche.

Le diner terminé, LL. AA. RR. se sont rendues sur les allées Souchet, où stationnait une foule compacte qui les a accueillies avec toutes les démonstrations du plus vif enthousiasme. Placées sous une tente dressée à cet effet, LL. AA. RR. ont pu jouir alors d'un magnifique et ravissant coup d'œil. Les arbres des allées brillamment illuminés en verres de couleur, projetaient dans la Dordogne leurs mille feux étincelans. Sur les hauteurs de Fronsac, quatre barils de goudron enflammé lançaient d'immenses lueurs et dessinaient au loin les contours du coteau, en donnant à ses formes des apparences fantastiques d'un merveilleux effet.

Sur la rade, tous les navires étaient richement pavoisés et illuminés. En ce moment un spectacle imprévu vint s'offrir aux yeux de LL. AA. RR. Le *Xavier*, bateau à vapeur, que son propriétaire, M. Espeleta, avec une courtoisie toute chevaleresque, s'était empressé d'envoyer à Libourne pour être tenu à la disposition du prince, fit son entrée dans la rade, qu'il salua de 21 coups de canon. Le *Xavier*, étalant ses luxueux pavillons, ses bastingages bariolés de feux de mille couleurs, vint mouiller sous les yeux de LL. AA., à une demi encâblure du rivage, au milieu des applaudissemens unanimes et des cris mille fois repétés de : Vive le Roi! Vivent LL. AA. RR.! Le prince donna alors le signal du feu d'artifice qui clôtura la journée.

Le lendemain, après leur déjeuner, LL. AA. RR. sont sorties de leur hôtel à onze heures, escortées par les artilleurs à cheval de la garde nationale; elles ont visité les quais, en ont examiné les différens travaux et se sont mises en route ensuite pour St-Emilion, accompagnées de MM. le préfet, de Castelbajac, Boyer, le sous-préfet, De Lassalle, député de Lesparre, etc.

Arrivées au pied du rocher où Saint-Emilion se trouve perché comme un nid d'aigle, LL. AA. RR. sont descendues de leurs voitures, ainsi que leur escorte, et ont gravi la côte à pied. A l'entrée de la chapelle souterraine, M. le maire de Saint-Emilion a adressé

2

aux illustres visiteurs une harangue empreinte des sentimens les plus dévoués, à laquelle le prince a répondu avec la plus touchante cordialité. Après avoir visité la pittoresque chapelle creusée dans les flancs du rocher, LL. AA. RR. ont repris la route de Libourne, où elles ont été accueillies par de nouvelles marques d'enthousiasme et d'effusion.

Un accident douloureux est malheureusement venu troubler le plaisir de cette courte excursion. Une voiture, contenant trois personnes et dont le cheval s'était effrayé, fut précipitée dans un ravin. M. le duc de Nemours, sous les yeux duquel se passait ce triste évènement, s'élança aussitôt hors de sa voiture et fut le premier à relever les victimes, parmi lesquelles se trouvait une dame qui paraissait, au premier abord, assez grièvement blessée. Le prince s'assura promptement que le mal n'était pas aussi grand qu'on l'avait cru avant l'examen, il prodigua ses soins aux blessés avec une bienveillante sollicitude, et ne quitta le théâtre de ce fâcheux accident qu'après s'être convaincu qu'il n'aurait aucune suite fâcheuse. Le prince vint alors rassurer la princesse qui, pendant toute la durée de cette scène douloureuse, avait manifesté la plus vive émotion.

Au retour de cette promenade, LL. AA. ont visité les établissemens publics. Le prince s'est rendu seul au collége, au haras et au quartier de cavalerie. Partout il a été accueilli par l'expression d'une vive sympathie. De nombreux invités ont de nouveau été admis à prendre place à sa table.

Le soir, les édifices publics et les fenêtres des maisons particulières se sont de nouveau illuminés. La foule s'est portée sur la place d'Armes où se trouve situé l'Hôtel-de-Ville, dans les salons duquel devait avoir lieu le bal offert par la ville à LL. AA. RR.

A neuf heures moins un quart, le prince et la princesse ont fait leur entrée dans les salons qui avaient été disposés avec élégance. Une nombreuse réunion attendait LL. AA. RR. Libourne avait tiré de son écrin, pour cette fête, toutes ses plus brillantes toilettes, toutes ses pierreries les plus éclatantes, et ce qui vaut mieux encore, toutes ses plus charmantes femmes.

LL. AA. RR. ont circulé dans les salons, saluant avec la plus gracieuse affabilité. Mme la duchesse de Nemours, que les courses de la journée avaient considérablement fatiguée, dansa seulement deux contredanses, après lesquelles LL. AA. RR. se retirèrent, laissant tous les invités enchantés de leur esprit et de leur grace.

Le 5, jour fixé pour leur départ, LL. AA. RR. se sont rendues à pied à l'hospice, où elles ont été reçues par MM. Gaston Lacaze, Belleuvre et Raymond Fontémoing. Elles ont visité dans le plus grand détail, et avec la plus vive sollicitude, les diverses parties de cet établissement, et ont adressé à différentes reprises des paroles bienveillantes aux sœurs de charité.

Leurs Altesses Royales étaient accompagnées par Monseigneur le duc d'Aumale, qui était arrivé la veille incognito.

M. Théophile Lacaze, cet artiste d'un talent si gracieux et si modeste, dont les charmantes productions sont depuis long-temps connues, a eu l'honneur d'être présenté à LL. AA. RR., qui l'ont accueilli avec une bienveillance toute particulière et l'ont vivement félicité.

A onze heures, M. le duc et Mme la duchesse de Nemours, et M. le duc d'Aumale ont pris la route de Bordeaux.

BORDEAUX.

Journée du 5 Août.

L'entrée de LL. AA. RR. à Bordeaux, a eu lieu à deux heures, au milieu d'une affluence considérable.

Malgré de fortes giboulées qui ne cessaient d'alterner depuis le matin avec un magnifique soleil, et qui rendaient par intervalles la circulation difficile, une foule immense encombrait les rues que devait parcourir le royal cortège.

Les abords du Pont, les quais, les fossés du Chapeau-Rouge, le cours de l'Intendance, la place Dauphine, le cours d'Albret, la place d'Armes, la rue des Minimes et la place de l'Hotel-de-Ville étaient envahis par des masses compactes. Nous ne nous rappelons pas avoir jamais vu autant de monde fourmiller sur les trottoirs. A droite et à gauche des rues, la population se pressait et se déroulait comme deux immenses serpens longs d'une lieue. Les fenêtres, les balcons étaient chargés de dames dont les brillantes toilettes présentaient le coup-d'œil le plus magnifique qu'on puisse imaginer.

Les officiers de l'état-major, la garde nationale à cheval, les soldats citoyens de toutes armes se croisaient en tous sens et venaient ajouter encore à l'effet de ce tableau déjà si animé.

Sur la place de La Bastide, à droite de l'entrée du pont, étaient rangés l'artillerie de la garde nationale et les sapeurs pompiers ; à gauche, en face de la garde nationale, la garde municipale à cheval, les grenadiers et les voltigeurs du 14° de ligne. Les troupes et la garde nationale étaient également échelonnées sur toute la ligne où devait passer le cortège.

La garde nationale à cheval et un escadron de dragons s'étaient portés à la rencontre de LL. AA. RR., à un kilomètre du pont.

Les princes ont été reçus aux Quatre-Pavillons, sous un élégant arc-de-triomphe, par M. le Maire de Cenon–Labastide, à la tête du Conseil municipal et de la garde nationale de cette commune.

M. le Maire s'est exprimé ainsi :

« Princes ! votre présence dans nos contrées est un véritable bonheur; c'est pour le conseil municipal et la garde nationale de cette commune l'occasion tant désirée de déposer à vos pieds toutes les sympathies, tout l'amour que nous ressentons pour votre auguste famille, et pour vos altesses royales en particulier.

» Nous sommes tous dévoués aux institutions de Juillet, nous désirons tous qu'elles soient long-temps maintenues entre les mains sages et fermes de leur fondateur, et que son autorité paternelle se perpétue à jamais dans son auguste descendance.

» Jamais, en effet, œil plus vigilant ne put veiller sur les intérêts de la France et être plus utile à son bonheur, à sa puissance et à sa prospérité.

» Madame, la population de cette commune, par mon organe, vous offre son affection la plus vive et la plus sincère; elle est heureuse de vous témoigner tout le bonheur que la présence de V. A. R. lui fait ressentir. Puissiez-vous, Madame, voir dans l'heureux empressement qui vous entoure, un témoignage vif de l'amour de tous ceux dont vous traversez aujourd'hui le territoire. »

Les princes ont répondu avec grace et affabilité à cette allocution.

Leurs paroles ont été couvertes par les cris mille fois répétés de *vive le Roi ! vive la famille royale ! vive le duc de Nemours ! vive le duc d'Aumale ! vive la duchesse de Nemours !*

Les élèves de l'institution de Mme Migout, auxquelles s'étaient jointes les demoiselles de la commune, ont offert un bouquet à Mme la duchesse de Nemours; l'une d'elles s'est exprimée en ces termes :

« Madame,

» Au nom des jeunes personnes de Cenon-la-Bastide, permettez que j'offre à Votre Altesse Royale ces simples fleurs, emblême de l'hommage sincère que nos cœurs déposent à vos pieds; l'honneur de vous être présentées sera le plus cher souvenir de notre vie. »

La princesse a accueilli avec bonté ce touchant témoignage. Puis LL. AA. RR. ont continué leur route vers Bordeaux.

A la tête du pont, du côté de La Bastide, une tente avait été dressée; c'est là que LL. AA. RR. ont été haranguées par M. Duffour-Dubergier, maire de Bordeaux, à la tête de son conseil municipal.

Voici le discours prononcé par M. le Maire:

« Princes,

» Dignes fils de notre Roi bien aimé, et vous, Madame, soyez les bienvenus.

» La foule qui se presse autour de vous témoigne assez de l'impatience avec laquelle vous êtes attendus.

» Bientôt vous allez traverser notre belle Garonne, nos immenses quais, nos vastes et belles rues. Nous comptons, princes, sur votre appui, pour nous aider à vivifier les dons que la nature nous a faits, et à ranimer les restes de notre antique splendeur; pour atteindre ce but, nous ne demandons ni priviléges, ni faveurs, mais seulement la liberté de travailler et d'user sans entraves des moyens que la providence a mis à notre disposition.

» La population bordelaise, princes, est dévouée au gouvernement de juillet; elle est amie de l'ordre et du travail, et quand vous la connaitrez, vous ne pourrez, j'en ai l'assurance, vous empêcher de l'aimer et de sympathiser avec elle, comme elle sympathisera avec vous.

» Les Bordelais n'ont pas oublié cet heureux jour où le prince votre frère, si noble, si généreux et si cruellement frappé depuis, vint au milieu d'eux. Les cris de joie se sont changés en larmes de douleur; mais la mort n'a pu briser les liens qui nous unissaient à lui. Nous avons reporté notre amour sur son illustre veuve et sur son fils, qui n'aura qu'à suivre vos conseils et les exemples de son aïeul, pour régner glorieusement sur la France. Soyez, princes, et vous, Madame, les interprètes de nos sentimens auprès de lui et de sa mère.

» Dites au Roi et à la Reine combien nous eussions été heureux de les recevoir dans nos murs, et combien nous leur sommes reconnaissans de vous avoir désignés pour les représenter.

» Honneur à vous, prince, que la Providence a placé sur les marches du trône et qu'elle a doué d'un jugement si précoce et si sûr pour diriger les pas du royal enfant destiné à régner un jour sur nous!

» Honneur à vous, prince, qui, jeune encore, avez su cueillir sur la terre d'Afrique des lauriers qui vous placent l'égal de nos vieux généraux et vous rendent digne de les commander!

» Hommage à vous, Madame, dont les vertus et les graces nous rappellent celles de notre Reine et des princesses vos sœurs.

» Vive le Roi! Vive la famille royale! »

Monseigneur le duc de Nemours a répondu :

« Monsieur le maire,

» Votre députation l'a entendu : lorsque notre voyage à Bordeaux
» a été décidé, le Roi portait envie à ses fils. Il savait tout ce que
» cette illustre cité possède de grand, d'élevé par l'esprit ; de géné-
» reux, de patriotique par le cœur. Il savait que nulle part son
» gouvernement, sagement progressif et sagement conservateur, n'a
» été appuyé avec plus de loyauté et secondé avec plus de dévoû-
» ment. Aussi aurait-il joui du fond de l'âme de ce glorieux con-
» cours, de ce vaste empressement dont nous sommes environnés
» comme en a joui, hélas ! trop peu de temps, ce noble frère que
« vous nous rappelez ! Il y aurait trouvé une puissante consolation
» pour cette immense douleur qui vous revient à la mémoire dans
» cette solennité, et à laquelle vous vous associez d'une manière si
» touchante. Permettez-nous donc de vous remercier, au nom du
» Roi comme au nôtre, d'un accueil si plein de cordialité. Nous y
» trouvons une précieuse récompense de tout ce qu'il nous a été don-
» né de faire jusqu'ici pour le service du pays, et dans l'avenir, un
» nouvel engagement à toujours bien mériter de la France.

» Je ne manquerai pas de rapporter au Roi et à Mme la duchesse
» d'Orléans, vos paroles si dignes de les toucher. »

Il était deux heures ; 21 coups de canon tirés par les artilleurs de
la garde nationale, annoncèrent que les princes traversaient le pont.
La cloche de l'Hôtel-de-Ville sonna à toutes volées. Le duc de Nemours
et le duc d'Aumale montèrent à cheval. S. A. R. Mme la duchesse
de Nemours prit place dans une calèche découverte avec Mme d'O-
raison, sa dame d'honneur ; M. le maire occupait le siége de devant,
ainsi que M. le préfet ; le premier, vis-à-vis Mme d'Oraison, le second,
vis-à-vis Mme la duchesse de Nemours. A mesure que le cortége s'a-
vançait, de vives acclamations se faisaient entendre, et les dames
agitaient leurs mouchoirs.

En passant sur le pont, LL. AA. RR. ne purent s'empêcher de
témoigner leur admiration, pour le magnifique panorama qui s'é-
tendait sous leurs yeux.

Au moment où la tête du cortége était parvenue en face de la
Préfecture, il est arrivé un accident qui heureusement n'a pas eu
de suites funestes. Une partie de la galerie qui domine l'hôtel de la

Préfecture s'est écroulée ; deux pierres sont venues dans la rue, et
ont atteint trois individus qu'elles ont légèrement blessés. Il y avait
peu de monde heureusement à la place où a eu lieu la chûte de ces
pierres, parce que les curieux venaient de se précipiter sur le passage du cortége.

Les princes ont continué leur marche par les fossés de l'Intendance, la place et la rue Dauphine, le cours d'Albret, la place d'Armes et la rue des Minimes. A trois heures, ils sont entrés dans la cour de l'Hôtel-de-Ville.

Un poste d'honneur de la garde nationale, avec la musique, 50 grenadiers du 24e léger et 25 dragons ont rendu les honneurs militaires au moment où les princes sont arrivés à l'Hôtel-de-Ville.

Le corps municipal a reçu LL. AA. RR. au bas du grand perron.

Dans le vestibule, une députation de soixante jeunes demoiselles, vêtues de blanc, portant des ceintures et des aiguillettes d'argent qui avaient été fournies par la ville, a offert des fleurs à S. A. R. Mme la duchesse de Nemours.

Entourée de ses compagnes, qui étaient : Mlles Mérillon sœurs, de Bastard, Guestier sœurs, Dosquet, Sers, Alexandre aîné, Santa-Coloma sœurs, Biarnès, de Prigny, Arignan sœurs, Bonniot sœurs, Durand, Motz sœurs, Cruze, Damblat, Ruelle, Doré sœurs, Chalret, Bethmann, Bouthier sœurs, Delpech, Bouldoire, Alauze, Capdeville, Chaine sœurs, Olivier Durand sœurs, Boyer, Klipsch, Laporte, Tulèvre, Rey sœurs, Goudal sœurs, Poirier, Vergne, de La Barge sœurs, Teyssier sœurs, Arrigunaga sœurs, Michaelsen, de Beausobre, Mlle Lacoste, fille de M. Lacoste, notaire, adjoint du maire, s'exprima en ces termes :

» Madame,

» Le plus doux de nos vœux vient de s'accomplir ; notre ville tout entière s'est levée avec enthousiasme pour saluer l'arrivée de V. A. R. et celle de son auguste époux ; à ces manifestations si vraies et si unanimes, qu'il nous soit permis de joindre l'hommage timide de notre respect et de notre dévoûment pour V. A. R.

» En choisissant la France pour votre patrie adoptive, vous êtes entrée dans cette famille glorieuse, sur laquelle reposent notre avenir et notre espoir, et nous avons appris à vous confondre avec elle dans le même amour. Daignez en accepter ici le témoignage. La bonté et les nobles sentimens de l'âme qui s'unissent si bien dans la personne de V. A. R., au prestige du rang suprême, vous ont déjà rendue chère à tous les Français. Partout, avant d'arriver jusqu'à nous, vous avez semé les bienfaits sur vos pas avec cette grace exquise qui en double le prix.

» Nos paroles, Madame, sont bien faibles pour vous peindre les sentimens de reconnaissance qui nous animent, mais votre indulgence saura y suppléer. Si Bordeaux inscrit avec orgueil dans ses fastes, l'époque de l'heureuse visite de V. A. R. et des nobles princes qui l'accompagnent, le souvenir en restera gravé dans nos âmes d'une manière impérissable; car dans le séjour trop vite écoulé que vous aurez fait dans nos murs, tous les cœurs auront appris à vous aimer, et tous les malheureux à vous bénir. »

Mme la duchesse de Nemours, après avoir remercié Mlle Lacoste des sentimens de respect et d'affection qu'elle venait de lui offrir au nom de ses compagnes, et de la grace toute particulière avec laquelle elle l'avait fait, l'embrassa avec une affabilité charmante.

A peine entrés dans leurs appartemens, LL. AA. RR. reçurent immédiatement les autorités: Mgr l'archevêque accompagné de son clergé, la Cour royale de Bordeaux, le Tribunal civil, les Juges de paix, la Chambre de commerce, le Tribunal de commerce, l'Académie et les Facultés, l'Ordre des avocats, l'Académie royale de médecine, tous les corps constitués et les principaux fonctionnaires des services publics.

Voici le discours de Monseigneur l'archevêque:

« Messeigneurs, Madame,

« Vos Altesses Royales trouvent dans les populations qui se pressent autour d'elles de vives sympathies, un entraînement général. Ces sentimens, l'amour les inspire, la religion les consacre. N'est-ce pas elle, en effet, qui unit, par un lien aussi doux que sacré, les princes avec les peuples et les peuples avec les princes? Elle apprend aux uns et aux autres ce qu'ils se doivent réciproquement pour le bonheur de tous.

« Pontife de cette religion dont les enseignemens parlent si bien au cœur des Français, je viens, tant en mon nom personnel qu'au nom de mon chapitre primatial et du clergé de ce beau diocèse, vous offrir le tribut de notre profond respect et de notre dévoûment au Roi et aux institutions qui nous régissent. Qu'y a-t-il au monde de plus évangélique et de plus éminemment patriotique, après avoir rendu à Dieu ce qui appartient à Dieu, que de rendre à César ce qui appartient à César?

« Laissez-nous donc, Messeigneurs, saluer, dans le vainqueur de Constantine et dans le pacificateur de toute la province, le sang-froid, l'intrépidité, la religion des nobles fils de France, qui surent si bien de notre temps, comme le plus grand de leurs aïeux, dans des temps plus reculés,

3

arborer la croix qui sauve les peuples à côté du drapeau qui gagne les batailles. La croix, c'est la voix douce et persuasive de la conquête évangélique, c'est la civilisation par la vérité et par l'amour.

« Et vous, Madame, si dignement associée à toutes les destinées d'un peuple qui a su vous apprécier, vous aimer, aussitôt qu'il lui a été donné de vous voir, agréez l'hommage que nous sommes heureux de rendre à la piété éclairée, à l'angélique douceur, à l'inépuisable charité dont V. A. R. nous offre le modèle.

« Quand le christianisme sortit des catacombes, ce fut la mère de Constantin qui donna à l'ancien monde la croix retrouvée, et Clotilde qui l'érigea sur le berceau français du monde moderne.

« Ainsi, à toutes les époques de notre histoire, a-t-on vu planer une forme mystérieuse sous la figure de quelque femme bien aimée du ciel; de tout temps, les vertus des princesses françaises ont embelli la gloire du trône des rayons les plus doux; le dévoûment n'a jamais eu d'abandons plus sublimes, le sacrifice, d'actes plus saints et plus complets.

« Servir de compagne à l'homme dans le ministère de la vérité, être son guide et son modèle dans le ministère de la charité, son ange consolateur dans les épreuves de la vie, voilà la mère, voilà l'épouse telle que le christianisme la veut, telle qu'il l'a faite, telle que nous la vénérons sur le plus beau trône de l'univers, telle que nous la bénissons dans la personne de Votre Altesse Royale. »

Le prince a répondu :

« Monsieur l'Archevêque,

» C'est avec une bien vive émotion que je viens d'entendre un si
» noble, si saint, si patriotique langage.

» La religion, qui le sait mieux que vous, a des paroles pour
» toutes les situations de la vie; mais quand elle s'unit à nos sen-
» timens les plus chers, quand elle consacre le dévouement réci-
» proque du Roi et de la patrie, l'amour du pays et de ses institu-
» tions, l'admiration des grands travaux, la reconnaissance des
» grands services, elle exerce sur nos cœurs son empire le plus ir-
» résistible.

» C'est ce que nous venons d'éprouver en vous écoutant, et s'il ne
» nous est pas permis de vous suivre dans ce qui nous est personnel,
» en acceptant vos éloges, nous pouvons du moins y voir la preuve la
» plus douce des précieuses sympathies que nous sommes venus cher-
» cher, et dont il vous appartenait si bien d'être l'évangélique inter-
» prète.

» Recevez nos remercîmens et ceux de Mme la duchesse de Ne-
» mours pour les paroles touchantes que vous veniez de nous faire
» entendre, pour votre visite et celle de votre nombreux clergé, si di-
» gne d'accomplir avec vous la haute mission qui lui est confiée.

M. le Président de la Cour Royale a pris ensuite la parole :

« Messeigneurs,

« L'allégresse que fait éclater votre présence, est vivement partagée par
la Cour Royale de Bordeaux. Cette allégresse est l'expression de la reconnaissance et de l'admiration inspirée par la haute sagesse du Roi
et les nobles services rendus à la France par vos Altesses Royales.

« Ces sentimens sont profondément gravés dans le cœur des magistrats
occupés de l'application des lois ; ils apprennent tous les jours que la
constante sollicitude du monarque embrasse tous les intérêts du pays et
veille à leur conservation.

« Pendant que, protecteur éclairé des arts, on le voit élever des monu-
ments à toutes les gloires de la France, encourager l'industrie, vivifier
l'agriculture et multiplier les rapports des diverses provinces du royaume,
il perfectionne, par des dispositions nouvelles, nos lois civiles, commerciales et criminelles.

« Si pour l'exécution de ses projets, le Roi a maintenu la paix qui seule
pouvait permettre de les réaliser, les propositions de son gouvernement
accueillies par les grands pouvoirs de l'Etat, et les exploits de ses armées
proclament que ses intentions pacifiques sont inséparables du maintien de
la dignité de sa couronne. Vos Altesses Royales en ont rendu un glorieux
témoignage lorsqu'elles sont allées partager les périls et les travaux des
soldats français sur le sol d'Afrique.

« Nos vœux vous ont accompagnés, nous sommes heureux de vous
exprimer la joie que vos succès nous ont fait éprouver. »

« Madame,

« C'est aussi un bonheur pour nous d'exprimer à Votre Altesse Royale
nos respectueux sentimens et de vous prier d'en agréer l'hommage. »

Le prince a répondu :

« Monsieur le premier président,

» La haute magistrature que vous exercez à la tête d'une Cour
» royale si distinguée, dans un ressort si important, donne à vos pa-
» roles une gravité qu'augmente encore la sagesse de votre caractère.

« L'autorité du juge ne se borne pas aux applications de la loi ;
» l'action de la justice profite à la société tout entière, car elle en-
» tretient les idées d'ordre et de droit qui en font la base.

» C'est donc toujours avec une profonde estime que je vois devant
» moi un corps si respectable, et que je reçois l'expression de ses
» sentiments. Les vôtres me sont particulièrement agréables. Il me
» sera doux de les rapporter au Roi. Recevez tous nos remercie-
» mens. »

Le président du tribunal de commerce :

« Monseigneur, Madame, Monseigneur,

« Le Tribunal de Commerce de Bordeaux est heureux d'avoir à exprimer à VV. AA. RR. les sentimens qui se perpétuent dans les classes
nombreuses dont il est l'élu et dont il est en ce moment l'organe.

« La liberté, l'ordre et la paix sont depuis longtemps les devises du commerce de notre cité. Aussi s'est-il attaché avec dévouement à la dynastie qui, depuis quinze ans, s'applique à consolider en France ces bases de
toute société durable. A ces liens qu'avait formés la communauté des
intérêts, s'est ajoutée la ferme et confiante affection qu'avait inspirée le
prince dont VV. AA. RR. rappellent si vivement le souvenir.

« Continuateurs des espérances que cette intelligence haute et généreuse
nous avait données, que VV. AA. RR. accueillent avec bienveillance l'expression de cet attachement profond et respectueux que nous avions voué
à Monseigneur le duc d'Orléans.

« Cet héritage augmenté du fruit de vos œuvres reviendra au royal enfant dont les décrets de la providence vous appelleront peut-être, prince,
à devenir un jour le soutien et le guide; heureux dans cet immense
malheur qui l'a frappé avec toute la France, de retrouver si près de lui
des enseignements paternels.

« Reportons l'hommage de ces sentiments jusqu'au Roi, glorieux chef de
cette noble famille si intimement unie à la grande famille française. Que
le Roi sache combien nous lui sommes reconnaissants de la mission qu'il
a confiée à VV. AA. RR. — Lorsque sa bienveillance envoie vers nous,
pour la deuxième fois, de tels intermédiaires, ne devons nous pas compter
sur une réalisation prochaine de nos espérances ?

« Ce n'est pas du reste sa cause particulière que le commerce de Bordeaux
défend depuis tant d'années. Le développement de nos relations maritimes doit profiter au pays tout entier. Au point de vue politique, cet intérêt l'emporte, de l'aveu de tous, sur ceux qu'on lui oppose; sous le rapport des avantages matériels, il doit puissamment servir, avec l'aide des
chemins de fer, au développement de la richesse encore inexploitée de
l'intérieur de la France. La liberté commerciale que le commerce de Bordeaux réclame, procède également avec mesure et prudence. Sœur de la
liberté politique que deux révolutions et la sagesse du Roi nous ont faite,

elle est fondée sur le respect de tous les droits légitimes ; elle n'est exclusive que des priviléges profitant au petit nombre, au détriment des masses.

« Vainement aura-t-on voulu tromper l'opinion et, en exagérant les plaintes de Bordeaux et sa décadence, présenter ses réclamations comme les tentatives désespérées d'une ville déchue, et qu'il faut abandonner à sa destinée. Lorsque VV. AA. RR. auront parcouru ces terres arides qui ceignent Bordeaux, que la nature avait faites presque stériles, où la culture de la vigne a créé cependant la plus riche, et avec de moindres entraves, la plus féconde des industries de la France ; quand du Bec-d'Ambès elles auront vu ces deux fleuves apportant à Bordeaux les riches produits des bassins qu'ils parcourent ; quand elles auront connu notre population intelligente et laborieuse, fière et soumise en même temps, elles reconnaîtront que Bordeaux n'a rien perdu de ses élémens de grandeur et de progrès ; qu'il parle de ce qu'il fut, comme preuve de ce qu'il est tout près à être encore ; et que s'il s'est fait plus particulièrement l'organe de ces observations, toujours les mêmes parce qu'elles n'ont pas été satisfaites, ce n'est pas seulement parce qu'il souffre plus que les autres places maritimes, du régime restrictif qui comprime et blesse tout ce qui a une force d'expansion ; c'est surtout parce que n'ayant jamais eu un privilége à défendre, il n'a jamais été arrêté, par des considérations d'intérêt égoïste, dans les poursuites du but qu'il s'est marqué.

« Pour la solution de ce grave débat, le haut patronage de VV. AA. RR. nous serait d'un bien grand secours. Nous le sollicitons avec respect et confiance; cette cause, au point de vue d'intérêt général, nous paraît digne de tels protecteurs.

« En terminant, qu'il nous soit permis de dire à VV. AA. RR., et c'est un devoir que nous remplissons avec joie, que bien que la place de Bordeaux n'ait pas été exempte de ces catastrophes qu'entraînent quelquefois après elles les grandes opérations, la tendance générale des affaires est régulière et prudente; les transactions s'y exécutent loyalement. Notre mission s'accomplit, non pas sans travail, mais exempte, presque sans exception, grace au bon esprit de nos justiciables, d'une sévérité qui nous serait pénible.

« Madame,

« Nous espérons n'avoir pas besoin d'excuser auprès de V. A. R. le langage que nous venons de tenir. Nous savons que les intérêts qui nous occupent, sympathiques à nos princes, ne peuvent être indifférents à V. A. R. Notre respectueuse affection unit V. A. R. et sa jeune famille dans les vœux que nous formons, pour que Dieu rende au Roi et aux siens, le bien qu'il a fait à la France et celui qu'il veut lui faire.

Le prince a répondu :

« Monsieur le président,

» J'ai écouté avec sensibilité vos paroles empreintes de sagesse et
» de dévouement. Les intérêts de la ville de Bordeaux me sont chers,
» et son commerce me trouvera toujours prêt à étudier ses besoins et
» à les servir. Les cités des plus importantes éprouvent certaines
» phases. De grandes causes qui surgissent en augmentent ou en di-
» minuent l'éclat.

» Nous touchons, je l'espère, à une ère nouvelle qui doit rendre
» à Bordeaux plus qu'elle n'a jamais perdu. Ces immenses lignes
» de fer, partout si impatiemment attendues, n'auront nulle part plus
» d'importance qu'en cette ville qui, par elles, s'unit à Paris, garde
» l'Océan et gagne la Méditerranée. Je me réjouis de cet avenir
» vers lequel il faut marcher avec la maturité du conseil qui supplée
» à l'expérience. »

Le président de la Chambre de commerce :

« Monseigneur, Madame, Monseigneur,

« Le commerce de Bordeaux vient offrir à VV. AA. RR. l'hommage de
son respectueux dévouement. Il est heureux de recevoir des princes qui
soutiennent si dignement l'éclat du trône, et de pouvoir leur exprimer son
profond et sincère attachement à la dynastie qui préside aux destinées
de la France.

« Le Roi, votre auguste père, en envoyant ses fils dans nos contrées, a
bien auguré de notre dévouement et de notre affection ; il a compris que
malgré les souffrances de notre commerce maritime, l'accueil le plus cordial leur était réservé, et que leur présence au milieu de nous donnerait
à nos populations l'espoir d'un avenir plus prospère. Nous le remercions
d'avoir si bien apprécié nos sentiments pour lui et pour sa famille.

« Nous avons, Princes, la mission spéciale de représenter les plus graves
intérêts de nos concitoyens, permettez-nous d'espérer que vous voudrez
bien accorder l'appui de votre haute protection à nos efforts persévérants,
pour ramener dans notre belle cité la prospérité dont elle jouissait autrefois, et lui assurer les moyens de profiter de cette paix longue et honorable qui est le plus beau titre de gloire du règne de Sa Majesté.

« Mais la paix, cette œuvre de civilisation maintenue par le Roi avec tant
de dignité, d'habileté et une si haute sagesse, ne peut avoir de fonde-
ments durables sans l'union commerciale des peuples qui naît d'une sage
liberté dans les transactions internationales. C'est par les mille liens d'in-

térèt et d'affection résultant des rapports commerciaux, que les alliances politiques deviennent indissolubles, et que peuvent s'effacer à jamais les rivalités haineuses qui divisaient autrefois les nations. Nous osons donc compter sur votre concours, Princes, pour atteindre le but que nous poursuivons, car la liberté commerciale doit être la sanction de l'œuvre immortelle de votre auguste père. Ce concours nous avait été accordé par l'illustre prince dont la France a tant déploré la perte, nous plaçons aujourd'hui nos espérances en vous, et nous vous prions de continuer aux intérêts du Sud-Ouest de la France l'appui que votre noble frère leur avait promis.

Nous vous demanderons plus tard la permission de vous entretenir avec quelques détails des difficultés qui pèsent sur notre commerce, assurés d'avance de l'intérêt avec lequel vous accueillerez nos justes observations; aujourd'hui, Princes, et vous Madame, nous voulons être tout entiers au bonheur que nous éprouvons à voir Vos Altesses Royales au milieu de nous. »

Le prince a répondu :

Monsieur le président ,

» Avant notre arrivée, vous le savez, nous avions été l'objet de
» vos prévenantes attentions. Nos premières paroles doivent donc
» être des remercîments, et il nous est bien doux de penser que no-
» tre présence parmi vous fortifiera ces liens au devant desquels nous
» sommes venus avec empressement.

» Je connais toute l'importance dela Chambre de commerce dans
» une cité livrée à de si grands mouvemens commerciaux, au sein de
» relations si étendues. Je sais que c'est surtout auprès de vous que
» je pourrai puiser la connaissance des faits, des besoins et des in-
» térêts locaux. Je serai toujours prêt à vous entendre. Recevez nos
» remercîmens de votre accueil et de vos sentimens pour le Roi et
» pour nous. »

Le commandant supérieur de la garde nationale :

« Monseigneur, Madame, Monseigneur,

» Interprète des sentimens et des vœux de la garde nationale, je viens exprimer, bien faiblement à mon gré, sa gratitude et sa joie de la faveur que le Roi daigne accorder à notre cité dans la visite de ses deux fils.

» Dévouée à la dynastie que la révolution légitime de juillet a fondée, admirant les exemples de courage et de vertu que la famille royale donne à la France, elle est heureuse de déposer en vos mains le double hommage de son zèle et de son amour.

« Madame,

« Daignez me permettre, au nom de mes camarades, de saluer votre présence ! Vous appartenez à la noble famille de notre Roi ! vous avez le cœur, les vertus de notre auguste Reine ! comme elle vous commandez notre respect et notre admiration. »

Le Prince a répondu :

« Monsieur le commandant, il nous est bien doux, vous le savez,
» de voir autour de nous le corps d'officiers de la garde nationale ;
« cette grande institution ne pouvait manquer de recevoir, dans une
« ville si importante et si patriotique, un digne développement. C'est
» l'ensemble des citoyens qui, disséminés dans tous les services pu-
» blics, reparaissent groupés pour la défense de l'ordre et des lois.
» Il nous sera bien agréable de les retrouver partout, soit sur notre
» passage, soit dans nos visites et dans nos entretiens, et nous sa-
» vons, au moindre danger, à quel poste nous les retrouverions tous,
» fidèles au glorieux mandat qu'ils ont reçu du Roi et de la France.
» Recevez tous nos remerciements. »

Le Grand Rabbin :

« Monseigneur, Madame, Monseigneur,

« Le consistoire israélite a l'honneur de présenter à Vos Altesses Royales et à Madame la duchesse de Nemours, l'expression de son respect et de son dévouement.

« Nos co-réligionnaires saluent, avec une satisfaction vivement sentie, votre présence dans notre ville. Ils sont heureux de pouvoir vous dire les sentiments d'amour et d'inaltérable fidélité qui les lient à la dynastie libérale et patriotique de juillet, dont vous êtes ici les dignes représentants.

« Leur reconnaissance transmettra à ses descendants ce que l'histoire enregistrera comme un des plus beaux titres de gloire de votre auguste père : l'extension qu'il a donnée par tous les actes de son gouvernement à la plus précieuse des libertés dont la France ait doté ses enfants.

« Aussi les Israélites bordelais ne cessent-ils d'adresser des prières ferventes à l'Eternel pour qu'il continue à combler de ses faveurs Sa Majesté le Roi des Français et la famille Royale.

« Et si à ces prières se mêle souvent pour nous la pensée douloureuse d'une autre visite dont le souvenir nous sera toujours cher, rien ne saurait altérer en ce jour le bonheur que nous éprouvons de présenter nos hommages respectueux aux nobles fils de notre Roi bien-aimé, aux dignes frères d'un prince à jamais regrettable, aux guides vaillans et éclairés de cet enfant royal qui présidera un jour aux destinées de la France en s'inspirant des principes de vertu, de patriotisme et de sincère attachement à nos libertés, dont tous les membres de son illustre famille lui fournissent journellement le magnanime exemple. »

Le prince a répondu :

» Je suis vivement touché, M. le Grand-Rabbin, des sentimens
» que vous venez de m'exprimer et du souvenir que vous me rappe-
» lez. Je rapporterai au Roi l'expression de la reconnaissance de vos
» co-réligionnaires, que j'ai été charmé d'entendre par votre bou-
» che. »

M. le docteur Arthaud, président de l'Intendance Sanitaire :

« Monseigneur, Madame, Monseigneur,

» Les membres de l'Intendance Sanitaire viennent déposer aux pieds de Vos Altesses l'hommage respectueux de leur inaltérable dévouement.

» A la joie bien vive que fait naître en nous votre présence dans ce palais, se mêle involontairement un triste mais bien cher souvenir ; permettez-nous, Princes, d'unir dans nos cœurs ce précieux souvenir au sentiment plein de bonheur et de consolation que votre vue nous inspire.

» Comme tous nos concitoyens, nous sommes heureux de pouvoir exprimer notre reconnaissance et notre amour aux Princes illustres qui nous visitent, et qui, à l'exemple du Roi leur père, ont déjà si intimement associé leur destinée à la gloire et à la fortune de la France. »

Le prince a répondu :

« Monsieur,

» Je suis profondément touché des sentimens que vous me témoi-
» gnez au nom de l'Intendance Sanitaire. Je ferai part au Roi du
» bon et affectueux souvenir que vous venez de m'exprimer. Vous
» avez bien compris la tendance de nos efforts, notre vœu le plus
» cher sera toujours pour le bonheur de la France. »

M. Avignon, recteur de l'Académie :

« Monseigneur,

» J'ai l'honneur de présenter à Votre Altesse Royale les membres du corps académique.

» Encouragés par cette haute bienveillance que vous ne refusez jamais,

4

Monseigneur, à l'accomplissement consciencieux du devoir, assurés d'un accueil que protègent les souvenirs universitaires et si honorables de votre studieuse jeunesse, forts de leur dévouement éclairé au Roi, à son auguste famille, aux institutions nationales, ils viennent avec empressement offrir à Votre Altesse Royale la respectueuse expression de leurs vœux et de leurs hommages.

» A quelque degré de l'enseignement que la confiance de l'administration les ait placés, ils ont compris que, dépositaires des plus chers intérêts de la famille et de la société, ils doivent, pour la dignité de leur vie, supporter avec honneur le poids d'austères devoirs; ils n'oublient pas que, si l'homme grandit par l'intelligence, il s'élève et s'honore plus encore par la pratique des vertus qui font l'homme moral et le bon citoyen. Vous pouvez compter, Monseigneur, sur leur active et incessante sollicitude pour cultiver l'esprit, former le cœur, développer tous les nobles instincts d'une jeunesse qui, dans les difficiles et pénibles épreuves de la vie publique, se montrera un jour digne de vous et de la France.

» Dans une occasion prochaine et solennelle, nous aurons l'honneur de présenter à Votre Altesse Royale les jeunes lauréats du collège royal de Bordeaux, et de lui exprimer les sentiments de respectueuse gratitude dont nous sommes pénétrés pour ce haut témoignage d'un intérêt qui sera toujours pour nous, Monseigneur, la plus douce et la plus précieuse récompense de notre zèle et de nos efforts. »

Le prince a répondu :

« Monsieur le recteur, l'enseignement auquel vous présidez, dans
» une ville aussi remarquable par les dons de l'esprit et la distinction
» littéraire, doit vous donner de nombreux sujets de satisfaction, car
» vous devez être puissamment aidé dans votre tâche par l'émulation
» qu'inspirent à la jeunesse de vos écoles tant d'illustres devan-
» ciers.

» Mais je sais par moi-même que l'Université ne s'efforce pas seu-
» lement de développer les talents, et qu'elle s'attache à faire tourner
» au profit du cœur même les travaux de l'intelligence.

» Je me plais donc, en toute occasion et surtout en celle-ci, à ren-
» dre au corps enseignant la justice qui lui est due, à vous remercier
» de vos services, et à montrer mon estime pour des fonctions si
» dignes d'être honorées. »

M. Faye, bâtonnier de l'ordre des avocats :

» Princes,

» L'arrivée de Vos Altesses Royales au milieu de nous est un éclatant témoignage de la sollicitude du Roi, un évènement qui laissera dans nos contrées de salutaires et profonds souvenirs.

» La monarchie de juillet a consacré le triomphe des lois; voué à leur culte, le barreau de Bordeaux ne les sépare pas de la famille royale à laquelle la volonté nationale a remis le dépôt sacré des institutions et des libertés du pays.

» La France est tranquille et fière en voyant avec quelle sagesse et quelle fermeté ce dépôt est gardé par le Roi, dont la reconnaissance publique apprécie le sacrifice et s'efforce de consoler les douleurs.

» Vos Altesses Royales se montrent partout les dignes fils d'un tel père ; c'est leur plus bel éloge. Comme lui, vous avez glorieusement exposé votre vie à la tête de nos soldats ; comme lui, Vos Altesses Royales ont la haute intelligence de notre époque et sont prêts à tous les dévouements.

» Aussi nos populations vous réunissent et vous confondent dans leur attachement; elles vous aiment comme elles aiment leurs institutions et leurs libertés; ces sentimens, Vos Altesses Royales, en parcourant nos contrées, en étudiant leurs besoins, les trouveront gravés dans tous les cœurs.

» Madame,

» Vous avez été adoptée par cette famille que les peuples vénèrent entre toutes les familles royales, c'est avec bonheur que la France a ratifié cette adoption.

» Bordeaux, qui vous salue pour la première fois, comprend tout ce que Votre Altesse Royale répand de charme autour du trône et de consolation dans le cœur d'une Reine bénie par toutes les misères, et que la France contemple avec une religieuse admiration.»

Le Prince a répondu :

« Monsieur le bâtonnier,

» Je reçois avec grand plaisir la visite de l'ordre des avocats ; je sais
» combien il renferme d'hommes éminents également distingués par
» le savoir, le talent et le caractère; sa présence ne laisse plus aucun
» vide parmi les illustrations de la cité, dont nous aimons à être en-
» vironnés. Je le remercie d'avoir voulu compléter ce vaste concours
» où il tient une place si considérable. En portant à la distribution de
» la justice le tribut de vos lumières, en servant les causes privées,
» vous servez aussi la cause publique, celle du bien général.

» Nous sommes très-sensibles aux sentiments que vous avez si bien
» exprimés. »

M. Valade-Gabel, président de l'Académie royale des sciences :

« Monseigneur,

» L'Académie royale des sciences, belles-lettres et arts de Bordeaux s'empresse d'offrir un juste tribut d'hommages aux arrière-neveux de Louis XIV, son fondateur.

» Les lettres, les arts et la guerre illustrèrent le règne de votre aïeul, Monseigneur, lui valurent un glorieux surnom, et pourtant le grand roi ne put assurer le bonheur de la France.

» Plus heureux, votre auguste père, grace à sa haute sagesse et au fonctionnement régulier de nos institutions politiques, répand les bienfaits de la paix sur les populations reconnaissantes, et voit également fleurir les sciences et l'industrie.

» Puisse la prospérité de la France continuer à grandir avec la gloire de votre famille !

» Puisse l'Académie, dont je suis fier d'être aujourd'hui l'organe, contribuer par ses travaux à cette prospérité, et se concilier ainsi avec la haute bienveillance du Roi les gracieuses sympathies de Votre Altesse Royale.

« Madame,

» L'Académie est heureuse de vous exprimer aussi ses hommages respectueux. »

S. A. R. a répondu :

« M. le président, le plus beau privilége des lettres, des sciences
» et des arts, c'est de s'associer aux grandes époques du pays, d'en
» augmenter la gloire, d'en perpétuer et d'en faire aimer le souve-
» nir.

» Notre siècle ne manquera pas, à son tour, d'éloquens interprè-
» tes. Il en est digne, en semant dans sa marche les biens de la
» paix, les lumières de l'intelligence, les découvertes de l'esprit hu-
» main.

» J'apprécie les travaux d'une Académie si distinguée, et je la
» remercie des vœux qu'elle a bien voulu nous faire entendre. »

Le consul de Mecklembourg-Schwerin, au nom du corps consulaire de Bordeaux :

« Monseigneur, Madame, Monseigneur,

» Les consuls des puissances étrangères s'associent à la joie que fait naître dans cette cité la présence de Vos Altesses Royales ; ils viennent vous offrir leurs hommages respectueux, et vous prier de transmettre au

Roi, votre auguste père, les sentiments de profonde vénération dont ils sont animés pour lui.

» La paix que sa sagesse a su rendre durable, cimente les rapports des peuples; le commerce, dont la prospérité se fonde sur le développement des industries naturelles à chaque pays et sur l'échange actif de leurs produits, vient en aide à ses habiles desseins en liant les intérêts des nations et en travaillant à faire tomber peu à peu les barrières et les préventions qui les séparent. Ainsi avance, chaque jour, l'œuvre de bien-être et de haute civilisation si glorieusement entreprise par ce grand monarque. La Providence daignera, nous l'espérons, lui permettre de la continuer pendant long-temps encore.

» Dépositaires des pensées et des intentions du Roi, Vos Altesses Royales veillent avec lui sur les destinées de la France. Et vous, Madame, associée aux vues de la plus pieuse reine, vous l'aidez à augmenter la splendeur d'un trône où elle donne l'exemple de toutes les vertus.

» Nous sommes heureux que nos fonctions nous aient fourni l'occasion de présenter nos respects à Vos Altesses Royales, et de leur donner l'assurance que nous partageons les sentimens qui remplissent le cœur de tous les bons Français. »

Le président de la Chambre des avoués :

« Messeigneurs, Madame,

« Les avoués près la Cour royale de Bordeaux viennent présenter à Vos Altesses Royales leurs respectueux hommages, et vous prier d'agréer l'expression des sentiments d'amour et de dévouement dont ils sont pénétrés pour le Roi et son auguste famille.

» Ils sont heureux de voir réunis dans cette cité deux princes, orgueil de la France, et une princesse, providence du pauvre et modèle des épouses et des mères. »

Le président de la Société d'agriculture :

« Monseigneur,

« La Société d'agriculture de la Gironde vient vous présenter ses hommages.

» Dévouée au progrès agricole, elle tend à le développer dans toutes ses branches, dont la principale, la production vinicole, se rattache étroitement aux intérêts du commerce.

» Le gouvernement de votre auguste père lui a prêté son appui.

» Elle est heureuse de déposer devant vous l'expression de sa reconnaissance.

» Elle est heureuse aussi, Monseigneur, d'espérer que ses travaux lui vaudront cette haute et puissante protection que vous accordez à tout ce qui doit contribuer à la grandeur et à la richesse de la France. »

M. le président de la Société Linnéenne :

« Monseigneur,

« La Société Linnéenne, qui s'occupe spécialement des sciences naturelles et de leur application à l'agriculture, a l'honneur de présenter ses hommages respectueux à Votre Altesse Royale.

» Elle est heureuse, Monseigneur, de voir au milieu de cette cité un prince connu par la victoire dans les combats, et dans la paix et toujours par sa sollicitude pour la prospérité de toutes les institutions utiles.

» Veuillez, nous vous en prions, Monseigneur, et vous, Madame, qui semez partout les consolations et les bienfaits, recevoir l'assurance du respect profond et du dévouement sincère de la Société Linnéenne de Bordeaux. »

M. Dosquet, président de la Société philomatique :

« Monseigneur,

» La société philomatique n'a d'autres titres à l'honneur que V. A. R. daigne lui faire en accueillant ses hommages, que le caractère d'utilité qu'elle s'efforce, depuis cinquante ans, d'imprimer à ses travaux.

» Aujourd'hui, c'est surtout par des encouragemens à l'industrie et par le perfectionnement intellectuel et moral de ses agens que nous cherchons à contribuer au développement de la prospérité publique.

» Les cours gratuits, fondés par la société, réparent, pour 1,500 ouvriers, les résultats de l'abandon où languissait l'instruction primaire avant que la sollicitude du Roi ne l'eût élevée au rang des institutions nationales. Ils forment, pour les conquêtes de l'industrie et des arts, une milice intelligente et laborieuse, amie de l'ordre, soumise aux lois, profondément reconnaissante des bienfaits d'un règne qui a placé, pour un long avenir, sous la sauvegarde des vertus, du courage et des lumières des princes, comme de l'amour des peuples, la gloire et le bonheur de la France.

» C'est ainsi, Monseigneur, que nous essayons d'apporter notre modeste part d'action à l'accomplissement des généreuses intentions du Roi. Mais si nous avons déjà produit quelque bien, nous n'en revendiquons pas l'honneur. Nous le faisons remonter jusqu'au trône, cette source féconde des pensées qui inspirent et vivifient tous les dévouements.»

M. le président de la Chambre des notaires :

« Princes, Madame,

» La compagnie des notaires vient aussi présenter à VV. AA. RR. ses respectueux hommages.

» Si la sollicitude infatigable du Roi, secondée par tout le dévouement de ses fils, veille sans cesse aux grands intérêts de l'Etat, elle ne s'applique pas moins à tout ce qui peut garantir au sein de chaque famille la paix et la sécurité. Ces gages du bonheur social sont confiés surtout à notre institution, redevable naguère d'une loi de haute sagesse à l'initiative d'un monarque éclairé.

» Graces soient donc rendues au Roi de tant de soins et d'éminents services ; à vous, Princes, d'être venus étudier les besoins de nos belles contrées ; à vous, Madame, d'avoir accepté la touchante mission de rechercher et de secourir les malheureux. »

M. le président de la Chambre desa voués de première instance :

« Princes, Madame,

« Les avoués près le tribunal civil viennent aussi saluer l'arrivée de Vos Altesses Royales au milieu de nous. Ils sont heureux d'être admis à l'honneur de présenter aux dignes fils du Roi l'hommage respectueux de leur entier dévouement. Daignez l'agréer avec bonté, Monseigneur et Madame, et faire remonter jusqu'au pied du trône les vœux sincères que nous formons pour la prospérité de votre auguste famille.»

M. le docteur Dupont, président de la Société royale de Médecine :

« Monseigneur, Madame; Monseigneur,

» La Société royale de médecine de Bordeaux vient, par mon organe, vous offrir l'expression des sentimens respectueux dont elle est pénétrée pour Vos Altesses Royales.

» Elle est heureuse, Princes, de vous témoigner la reconnaissance du corps médical bordelais.

» En replaçant la médecine au rang des sciences libérales d'où une loi fiscale tendait à la faire descendre, le gouvernement a noblement rémunéré les services qu'elle a rendus à la patrie.

» Ses services, Princes, vous les avez souvent appréciés, lorsque sur les champs de bataille vous en appeliez au savoir et au courage des médecins militaires, ainsi qu'aux médecins civils, sur d'autres théâtres non moins périlleux, dans des temps d'épidémie.

» Cette abnégation de soi-même, Princes, vous l'avez montrée.

» Par votre valeur et votre bravoure vous avez prouvé que vous étiez dignes d'appartenir à cette grande race militaire si féconde en héros.

» Le pays est heureux d'avoir des princes qui comprennent si bien leur mission chaque fois que l'honneur national les appelle, et qui, à l'exemple de leur père, ont su cueillir des lauriers en combattant pour la France et la liberté.

» Et vous, Madame, dont les graces et les vertus sont un ornement de plus à l'entour du trône de France, daignez recevoir l'hommage de notre respectueux dévouement. »

M. Maillères, président de la commission consultative de l'Institution royale des sourds-muets :

« Monseigneur,

» J'ai l'honneur de présenter à VV. AA. RR. la commission consultative, le directeur et les fonctionnaires de l'Institution royale des sourds-muets, heureux, comme moi, de vous offrir l'hommage de leurs sentimens respectueux et de vous exprimer combien ils désirent que vous puissiez visiter cette institution, la seule avec celle de Paris, dotée par l'état.

» Princes, si le Roi est le protecteur de toutes les gloires et de toutes les infortunes, vous êtes ses dignes enfans et ses nobles imitateurs. Nous osons vous dire que vous accomplirez encore votre royale mission en daignant parcourir le modeste asile où votre présence consolera plus de cent enfans déshérités de l'ouie et de la parole. Faites qu'eux aussi bénissent votre passage au milieu de nous, et qu'au souvenir de votre auguste frère ils joignent le vôtre ! Des jours prospères, les douces joies de la famille ne vous manqueront jamais si leurs vœux et les nôtres sont exaucés ! »

Les neuf maires du canton de Blanquefort, par l'organe du maire du chef-lieu :

« Monseigneur, Madame ; Monseigneur,

» Au bruit de votre arrivée, les maires du canton de Blanquefort n'ont pu résister à l'indicible bonheur de venir prendre part à ces grandes émotions du cœur qui remuent si délicieusement l'âme des peuples à la vue des princes qu'ils chérissent ; ils s'empressent, avec la franchise des champs, de déposer à vos pieds la respectueuse expression de leur dévouement et des besoins de l'agriculture.

» La population agricole, si nombreuse, dispersée pour ainsi dire sur le sol qu'elle habite et cultive, manque encore de cette organisation salutaire dont toutes les autres professions jouissent en France ; elle n'est rattachée à l'État que par ses propres instincts, son aptitude à l'ordre et à la conservation, par son amour inviolable pour son Roi et sa glorieuse dynastie.

» Elle pourrait avoir des organes légaux et réguliers, fonctionnant dans le sens de ses intérêts bien compris : ainsi, des chambres consultatives par département ou par zône, un ministère spécial de l'agriculture, produiraient l'intelligence et l'unité, si nécessaires à la marche progressive des améliorations, prépareraient les réformes depuis si longtemps demandées dans la législation sur les boissons, ainsi que des traités inter-nationaux plus favorables à l'exportation des produits.

» De vous, Monseigneur, appelé par les constitutions du royaume à présider aux destinées de la France, découleront un jour ces bienfaits, gloire nouvelle qui viendra rehausser encore celle que les fils du Roi savent acquérir partout où il y a du bien à opérer ou des ennemis à combattre !

» Et vous, Madame, appelée à partager les hautes destinées de votre royal époux, permettez-nous de remercier le ciel de vous avoir, en un jour de sourire, formée pour la France, et placée, comme son plus bel ornement, au sein de cette grande et noble famille qui résume en elle toutes les vertus de la patrie. »

Le prince a répondu à toutes ces allocutions en termes qui attestent ses connaissances profondes et variées.

La réception s'est terminée par le corps des officiers de la ligne, y compris les sous-intendants et les services administratifs.

Mgr le duc de Nemours a remis à M. le maire la décoration d'Officier de la Légion d'Honneur, et la décoration de Chevalier à MM. Curé et Valentin Duffourq, adjoints, et Fieffé, colonel de la garde nationale.

Après les réceptions, LL. AA. RR. se sont retirées un moment dans leurs appartemens. A sept heures, LL. AA. RR. ont paru dans la salle à manger, où deux tables magnifiquement servies étaient dressées. Pendant le diner qui a duré plus d'une heure, la musique du régiment, placée dans le jardin sous les fenêtres, a exécuté des symphonies.

L'une des tables était présidée par Mgr le duc de Nemours, qui avait à sa gauche M. Roullet, premier président de la Cour royale, et à sa droite M. le baron Sers, préfet de la Gironde, pair de France.

La seconde table était présidée par S. A. R. Mme la duchesse de Nemours, ayant à sa droite Mme la comtesse d'Oraison, et à sa gauche, M. Duffour-Dubergier, maire de Bordeaux. — Monseigneur l'archevêque était placé à côté de S. A. R. Mgr le duc d'Aumale.

On remarquait encore M. de la Seiglière, procureur-général ; M. Fonvielhe, commandant-supérieur de la garde nationale ; M. Curé, adjoint au maire ; M. le général Hurault de Sorbée ; M. Damas, président de la Chambre de Commerce ; M. Bruno-Devez, président du

5

Tribunal de Commerce ; MM. Roul, Wustemberg, Ducos et de Lassalle, députés ; M. le marquis de Castelbajac, commandant la 11e division militaire ; M. Gautier, pair de France ; M. Conte, directeur-général des postes ; M. de Prigny, commissaire-général de la marine ; M. Avignon, recteur de l'académie ; M. Gatrez, proviseur du Collége Royal ; M. Villaret, président du Consistoire protestant ; M. Marx, grand-rabbin ; MM. les présidens de la chambre des avoués et des notaires ; M. Arthaud, président de l'Intendance sanitaire ; et MM. Bouscasse, colonel de la garde nationale ; Alexandre Gautier, officier supérieur de la garde nationale ; Valade-Gabel, président de l'Académie des Belles-Lettres de Bordeaux.

Après le dîner, LL. AA. RR. sont passées dans le grand salon, où a eu lieu immédiatement la présentation des dames par Mme la baronne Sers. La beauté de Mme la duchesse de Nemours charmait tout le monde ; chacun était ravi de son esprit, de son amabilité et de sa grace. Les toilettes étaient éblouissantes, et la grande salle offrait le plus magnifique coup-d'œil.

L'aspect animé qu'avait revêtu notre ville pendant l'entrée de LL. AA. RR., s'est prolongé fort avant dans la nuit. A dix heures du soir, les principales rues étaient encore littéralement encombrées par l'affluence de monde qui se portait vers les abords de l'Hôtel-de-Ville. La place Saint-André et toutes ses issues présentaient une masse compacte de population. Les édifices publics, les Cercles et une grande quantité de maisons particulières brillamment illuminés, le flux et le reflux de la foule, les voitures qui se croisaient en tous sens, donnaient à notre cité un air de fête sans pareil.

Pendant la réception, la musique de l'artillerie de la garde nationale placée dans le jardin du Palais, faisait entendre des symphonies. LL. AA. RR. Mgr. le duc de Nemours et Mgr. le duc d'Aumale s'avancèrent sur le perron et adressèrent leurs félicitations aux exécutans. Les musiciens du Grand-Théâtre succédèrent ensuite à la musique de l'artillerie, et jouèrent diverses ouvertures qui furent vivement applaudies. Les Princes vinrent remercier aussi en personne le chef d'orchestre M. Mezeray, auquel ils firent les plus gracieux complimens.

A minuit, une foule considérable stationnait encore aux alentours du palais.

Journée du 6 Août.

Dans la matinée, le poste des artilleurs de la garde nationale, faisant le service de l'Hôtel-de-Ville, a demandé la permission d'offrir un bouquet à Mme la princesse de Nemours, à l'issue de son déjeûner. S. A. R. a agréé avec plaisir les fleurs qui lui ont été présentées par M. Cabrol, et l'en a particulièrement remercié dans les termes les plus aimables et les plus gracieux.

A onze heures, Monseigneur le duc et Madame la duchesse de Nemours, accompagnés de M. le préfet de la Gironde, de M. le maire de Bordeaux, de M. Gautier, adjoint, de M. de Lassalle, député de Lesparre, officier d'ordonnance du Roi, de M. le lieutenant-général Boyer, aide-de-camp du prince, de M. Larnac, secrétaire de ses commandemens, et de M. le marquis de Castelbajac, commandant la onzième division militaire, ont visité divers établissements publics de notre ville.

Mme la comtesse d'Oraison accompagnait Mme la duchesse de Nemours.

Le cortége se composait de quatre voitures, dont deux à livrée royale, précédées d'un piqueur.

LL. AA. RR. ont commencé leurs visites par l'Hôpital Saint-André. Elles ont été reçues dans la chapelle, par MM. les aumôniers, par les sœurs de la charité et par MM. les membres de la commission des hospices, ayant à leur tête M. le lieutenant-général vicomte Pelleport, pair de France, vice-président de la commission.

LL. AA. RR. ont visité avec un vif intérêt l'établissement dans tous ses détails, et ont parcouru les différentes salles où se trouvent les malades. Le Prince s'est arrêté longtemps près du lit d'un malheureux marin, une des victimes du cruel évènement arrivé à la Préfecture.

LL. AA. RR. se sont ensuite rendues au Palais de Justice et aux Prisons.

Au Palais-de-Justice, elles ont été reçues par M. le Procureur-Général, M. le Président du tribunal civil, MM. Venancie et Bouldoire, juges d'instruction, et MM. les Substituts du procureur du Roi, auxquels s'étaient joints plusieurs autres magistrats. Grace à la bienveillance de M. le Procureur-Général, des chaises avaient été réservées aux dames dans la grande salle des pas-perdus. M. Thiac, architecte, accompagnait LL. AA. RR. dans cette visite.

M. Gonard, directeur de la prison cellulaire, a reçu ensuite LL. AA. RR., qui ont plusieurs fois manifesté leur satisfaction pour la bonne manière dont est tenu cet établissement. LL. AA. ont goûté le pain des prisonniers et visité plusieurs cellules.

Des prisons, LL. AA. RR. se sont rendues à l'Hospice des Vieillards, et aux églises Sainte-Croix et Saint-Michel. Partout sur leur passage la foule était immense et empressée; chacun s'entretenait des manières affables du prince et de la grace charmante de la princesse.

L'Hospice des Vieillards, établi depuis 1793 dans les vastes bâtimens de l'abbaye des Bénédictins de Sainte-Croix, offrait un air de fête inaccoutumé. Le beau cloître voûté de l'entrée, orné avec profusion d'orangers en caisses et de plantes variées en fleurs, conduisait à la chapelle gothique, et, de là, dans la salle de l'administration, décorée avec une élégante simplicité. Dans les dortoirs, les vieillards de l'Hospice, hommes et femmes, étaient rangés, tous revêtus du costume du dimanche. A deux heures, l'arrivée des augustes visiteurs ayant été annoncée, la commission administrative, présidée par le général Pelleport, se rendit à l'entrée de l'Hospice, accompagnée des sœurs de charité de Nevers attachées à la maison, des médecins, du chirurgien ordinaire et de l'adjoint de ce dernier, afin d'accueillir LL. AA. RR.

Reçu dans la chapelle par M. l'aumônier et placé par lui dans le chœur, Mgr le duc de Nemours assista, avec une émotion visible, à l'exécution du *Domine salvum fac regem nostrum Ludovicum Philippum*, chanté avec une harmonie pleine de charmes, par un groupe nombreux des élèves des écoles chrétiennes.

Après cette prière publique pour la conservation des jours du Roi, S. A. R. visita le dortoir des femmes et ensuite celui des hommes; dans cet examen, le prince parut éprouver une vive satisfaction de l'ordre, de la propreté et des heureuses dispositions des salles de l'hospice. Revenu dans la salle de l'administration, où S. A. R. Madame la duchesse de Nemours s'était un instant reposée et avait daigné accepter un bouquet de fleurs offert au nom de tous les habitans de l'hospice, par Mlle Duffourq, nièce de M. l'adjoint du maire de Bordeaux, Mgr le duc de Nemours adressa aux respectables sœurs de charité qui prodiguent avec tant de zèle leurs soins aux vieillards de l'hospice, plusieurs paroles bienveillantes. Ensuite le prince, après avoir témoigné aux administrateurs le plaisir que cette intéressante visite venait de lui faire éprouver, ainsi qu'à Madame la duchesse, s'éloigna, avec son cortège, de cette maison hospitalière, aux acclamations réitérées de la foule qui se souviendra toujours de la visite faite par LL. AA. RR. dans l'asile de la vieillesse et de l'infortune !

A leur entrée dans les deux églises de Saint Michel et de Sainte-Croix, qu'elles ont examinées dans tous leurs détails, LL. AA. RR. ont été reçues par MM. les curés de ces deux paroisses, qui leur ont présenté l'eau bénite : les deux curés étaient accompagnés de leur clergé.

LL. AA. RR. ont également visité l'hospice des Enfants-Trouvés, où elles étaient attendues par M. Maillères et les médecins attachés à l'établissement. Tous ces pauvres enfants, rangés sur deux lignes dans la belle allée qui conduit à la chapelle, offraient un coup-d'œil qui a paru vivement impressionner LL. AA. RR.

Après avoir visité la chapelle et la crèche, le duc et la duchesse de Nemours ont assisté aux exercices de gymnastique dans le Gymnase organisé depuis peu dans l'établissement, grace à la bienfaisance d'un généreux anonyme. Le Prince et la Princesse ont paru s'intéresser très-vivement à tous les exercices de ces jeunes enfans, et ont félicité M. Bertini, leur professeur, qui veut bien prêter son concours gratuit à cette œuvre éminemment utile.

Au Petit-Séminaire, que LL. AA. RR. ont visité également, la réception faite au duc et à Mme la duchesse de Nemours a été des plus brillantes. Le digne M. Lacombe, supérieur du Petit-Séminaire, entouré de MM. les professeurs, a reçu LL. AA. RR. à leur descente de voiture, au milieu des cris mille fois répétés par les élèves de : Vive le Roi ! vive Mgr le duc de Nemours ! vive Mme la duchesse de Nemours !

Le Prince et la Princesse sont rentrés à l'Hôtel-de-Ville, vers deux heures et demie.

M. le duc d'Aumale est monté dans un char-à-bancs d'une extrême simplicité, et est parti pour le camp de Saint-Médard. Il était accompagné de M. Cuvillier-Fleury, secrétaire de ses commandemens, et de plusieurs officiers supérieurs.

Le soir, LL. AA. RR. ont réuni à leur table :

MM. le baron Sers, préfet de la Gironde, pair de France; Dosquet, secrétaire-général; Duffour-Dubergier, maire; le marquis de

Castelbajac, lieutenant-général, commandant la division ; Guestier, pair de France; Dusolier, président de la Chambre des avoués; Dupont, président de la société de médecine; Bosc, Faure, Foussat, Basse, Mérillon, d'Egmont, Bertin, Félix Delbos, membres de la Chambre de commerce; les abbés Dulorié, curé de Notre-Dame; Dudouble, curé de Saint-André ; Duburg, curé de Saint-Michel, et Bérouet, curé de Sainte-Croix; le supérieur du séminaire et un jeune élève du séminaire, invité par M. le duc de Nemours; le comte d'Eche-goyen ; le comte de Guitaut; Brun, préfet de Lot-et-Garonne; Marcotte, sous-préfet de Bazas ; sept officiers de la maison du duc de Nemours ; six officiers de la maison du duc d'Aumale, et trois officiers du poste de l'Hôtel-de-Ville.

La plus aimable cordialité n'a pas cessé d'animer ce repas, pendant lequel Mgr le duc de Nemours a déployé les riches qualités de cœur et d'esprit dont il est si heureusement doué.

LL. AA. RR. se sont ensuite rendues Grand-Théâtre. Par ordre, on jouait le *Barbier de Séville* et le second acte de la *Sylphide*. A six heures, les portes du théâtre ont été ouvertes au public. Depuis plus de dix jours, toutes les places étaient retenues. En un clin d'œil les stalles, les loges des galeries et celles des balcons ont été envahies par la foule empressée. D'immenses tapis avaient été placés depuis l'entrée principale, jusqu'au sommet de l'escalier qui conduit au premier étage des balcons où se trouve située la loge de la Mairie, dans laquelle LL. AA. RR. devaient prendre place. La loge avait été décorée par de splendides tentures de velours pourpre, relevées de crépines d'or. La porte qui conduit de la loge dans le salon d'attente avait disparu pour faire place à des portières de même étoffe ; quatre fauteuils avaient été disposés sur le devant du balcon.

La salle offrait le plus ravissant coup-d'œil qu'il soit possible d'imaginer. Toutes ces femmes pleines d'élégance et de graces, toutes ces magnifiques toilettes, toutes ces fleurs, toutes ces pierreries qui renvoyaient en mille étincelles les feux éclatants des lustres et des girandoles, présentaient un aspect éblouissant et féérique.

Au dehors, la scène n'était pas moins animée. Bien que LL. AA. RR. ne fussent pas attendues avant neuf heures, un concours immense de population se pressait, dès six heures, aux abords du théâtre et dans les rues que devait traverser le cortége.

Entre le premier et le second acte du *Barbier*, une bruyante rumeur pénétrant dans la salle, annonça que LL. AA. RR. approchaient. C'était le bruit des vivats dont la foule, stationnée sur la place, saluait LL. AA. RR. Les roulemens du tambour battant aux champs, vinrent bientôt confirmer ces pressentimens, et, quelques minutes après, S.A.R. Mme la duchesse de Nemours entrait dans la salle, suivie de LL. AA. RR. Mgr le duc de Nemours, Mgr le duc d'Aumale, et de Mme d'Oraison, dame d'honneur. A son aspect, tous les spectateurs se levèrent spontanément, et les cris de : vive le Roi! vivent le duc et la duchesse de Nemours! vive le duc d'Aumale! éclatèrent par toute la salle. La Princesse et les Princes saluèrent avec affabilité et prirent les places qui leur avaient été destinées : Mme la duchesse de Nemours ayant à sa gauche Mme d'Oraison, à sa droite Mgr le duc de Nemours et Mgr le duc d'Aumale.

Le second acte du *Barbier* terminé, l'orchestre joua l'ouverture de *Charles VI* avec une verve, un entrain et une perfection rares ; les Princes ayant donné le signal, des applaudissemens frénétiques, mêlés des cris de: vive le Roi! vivent les princes! à faire crouler la salle, éclatèrent avec un entrainement et un enthousiasme dont il serait difficile de trouver un pareil exemple.

Après le *Barbier*, M. Tournier est venu lire une pièce de vers, en l'honneur de LL. AA. RR., composée par un ouvrier imprimeur du *Mémorial Bordelais*. Les sentimens patriotiques qui y étaient exprimés ont été l'objet de vives manifestations.

A dix heures et demie seulement, LL. AA. RR. se retirèrent. A leur sortie de la salle, comme à leur entrée, elles furent encore saluées par d'unanimes et bruyants vivats. Il était facile de voir, à la manière charmante dont LL. AA. RR. remercièrent le public en partant, combien était grande chez elles l'émotion causée par l'accueil si cordial qu'elles avaient reçu. Tous ceux qui ont assisté à cette représentation, en emporteront un doux souvenir, et nous sommes convaincus que LL. AA. RR. n'oublieront jamais cette soirée, où elles ont pu recueillir des marques si peu équivoques des sentiments de respect, de reconnaissance et d'admiration, que la population bordelaise professe pour le roi, et de tout l'attachement qu'elle porte à ses nobles enfans.

S. A. R. Mme la duchesse de Nemours était vêtue avec une grande simplicité et une grande richesse tout à la fois. Sa robe était de satin rose. Une étincelante rivière de diamants brillait à son cou. Son front était également orné d'une ferronnière en pierreries qui allait en serpentant se perdre dans les cheveux. LL. AA. RR. le duc de Nemours et le duc d'Aumale portaient l'uniforme de lieutenant-général.

Madame la duchesse de Nemours s'est souvent entretenue, soit avec Madame d'Oraison, soit avec les Princes. Sa physionomie était empreinte d'une vive satisfaction, qui ajoutait encore à la beauté de sa personne et à ses graces naturelles.

Journée du 7 août.

Le matin, vers onze heures, S. A. R. Monseigneur le Duc de Nemours, accompagné de M. le baron Sers, préfet de la Gironde, pair de France; de M. Duffour-Dubergier, maire de Bordeaux; de M. Gautier, adjoint; de M. le marquis de Castelbajac, commandant la onzième division militaire; de M. le colonel Jamain; de M. Larnac, secrétaire des commandemens; de M. de Prigny, commissaire-général de la marine, et de plusieurs officiers d'ordonnance, a continué de visiter les principaux établissemens de notre ville.

Le prince s'est d'abord rendu à la Bourse où il a été reçu, aux portes, par Messieurs les membres de la Chambre et du Tribunal de commerce, ayant à leur tête M. Damas, président de la Chambre, et M. Bruno-Devès, président du Tribunal.

S. A. R. a parcouru les différentes salles de la Bourse et s'est longuement entretenue avec les membres de la Chambre et du Tribunal, sur les besoins de notre commerce. Les questions faites par le prince, prouvaient le vif intérêt qu'il portait à notre situation.

Les corps des Agens de change et des Courtiers de commerce ont été ensuite présentés à S. A. R.; le premier, par M. Poujard'hieu, le second, par M. Duprada, leurs syndics. Parmi les agens de change, on remarquait leur respectable doyen, M. Hilaire Guischard. Monseigneur le duc de Nemours a accueilli avec intérêt ces deux corps commerciaux, et a écouté, avec une grande bienveillance et une attention soutenue, les observations qui lui ont été présentées par les deux Chambres Syndicales.

M. Poujard'hieu, syndic des Agens de change, a prononcé les paroles suivantes:

« Monseigneur,

« Je viens, au nom de la compagnie des Agens de change, vous présenter l'expression de nos vœux et de notre dévouement.

» Appelés par nos fonctions à régulariser le développement du crédit public, nous savons, Monseigneur, combien l'ordre et la paix dont nous jouissons, agrandissent ses bases, augmentent sa puissance et assurent son progrès.

» Ces pensées nous font espérer que l'établissement d'un parquet dans notre bourse, que notre honorable maire et notre Chambre de commerce ont décidé dans des conditions conservatrices, nous permettra de seconder plus efficacement l'élan de la confiance publique à nos institutions et à notre avenir.

» Nous rendons grace au Roi qui, par sa haute sagesse a su maintenir l'état prospère de nos finances; nous nous réjouissons du noble concours qu'il trouve dans son auguste famille, et nous vous assurons, Monseigneur, toutes nos sympathies pour la part éclairée que vous êtes appelé à prendre dans ses conseils. »

Monseigneur le duc de Nemours, après avoir attentivement écouté M. le syndic, a causé avec lui de la question du parquet, et s'est informé des villes où cet établissement existait déjà, et des résultats qu'il pouvait avoir à Bordeaux ; puis il a dit : « Je ne suis point » très compétent pour juger cette question, mais l'assentiment de » M. le maire de Bordeaux et celui de la Chambre de commerce » donnent une grande force à votre demande, je m'en occuperai » avec intérêt. »

M. Duprada, syndic des courtiers, a ensuite été présenté au prince, et s'est exprimé ainsi :

« Monseigneur,

» Les courtiers de commerce partagent la joie qu'excite votre présence dans cette cité. Heureux de votre visite, ils viennent avec empressement vous offrir le tribut de leurs respectueux hommages. »

Revenue dans la salle des séances de la Chambre de commerce, S. A. R. a examiné les plans du quai vertical qui lui ont été soumis par M. Deschamps, ingénieur en chef, chargé de ce beau travail ; le Prince s'est entretenu près d'un quart d'heure avec M. Deschamps, et s'est ensuite rendu au Tribunal de commerce. Dans le trajet, MM. les officiers du port, dont le bureau était sur son passage, ont eu l'honneur de lui être présentés.

Arrivé dans les appartemens du Tribunal de commerce, Mgr le duc de Nemours a d'abord visité la salle d'audience ; puis il s'est rendu dans la salle du Conseil, où il s'est arrêté devant le portrait de S. M.,

6

peint par M. J. P. Alaux, d'après Winterhalter.— Le Prince a fait remarquer que l'original de ce portrait du Roi était le seul qui fut parfaitement ressemblant. S. A. R. a ajouté que, malgré les traits extrêmement marqués du Roi, l'excessive mobilité de sa physionomie rendait presque impossible cette ressemblance.

Le corps des Agréés a été ensuite présenté à S. A. R., qui après avoir examiné des fenêtres le bel aspect de notre rade, qui, de là se déroule dans toute son imposante majesté, a parcouru les galeries intérieures de la Bourse.

De la Bourse, S. A. R. s'est rendue à bord du *Luxor*, qu'elle a visité dans tous ses détails.

Le Prince s'est ensuite dirigé à pied vers l'Entrepôt, entouré d'une suite nombreuse. Le prince avait été précédé par MM. les membres de la Chambre de commerce, qui en ont fait les honneurs à S. A. R.

M. de Kolly, directeur des douanes; M. de Liancourt, inspecteur-général; M. Bontemps-Dubarry, receveur-général; M. Delmas, inspecteur sédentaire; et M. Lafon, régisseur de l'Entrepôt, assistaient à cette cérémonie.

M. le duc de Nemours a voulu parcourir les différentes parties de l'établissement.

S. A. R. est ensuite montée à bord du bateau à vapeur le *Bordelais*, pour se rendre au magasin des vivres de la marine. — C'est à ce moment que S. A. R. Monseigneur le Duc d'Aumale a rejoint son frère. Il était accompagné de M. Cuvillier-Fleury, son secrétaire des commandements, de M. Borel de Bretizel, et de plusieurs officiers d'ordonnance.

Quelques minutes après, LL. AA. RR. mettaient pied à terre sur la calle du Magasin des Vivres, où elles étaient reçues par M. Tulèvre, directeur des Vivres, M. Dubreuil, sous-directeur, et tous les attachés à l'administration.

Après la visite au magasin des vivres, LL. AA. RR. ont été examiner le moulin à riz de MM. Foussat frères et compagnie, situé à Bacalan.

LL. AA. RR. ont bien voulu s'y faire expliquer, par l'un de ces négociants, M. J. William Foussat, le mécanisme ingénieux de leur procédé, au moyen duquel la décortication et la purification du riz en paille importé de l'Inde et des Etats-Unis, s'opèrent avec autant d'utilité que de remarquable célérité.

Elles se sont rendues de là chez le vénérable M. Daniel Guestier, le doyen de nos commerçants, et le père de l'honorable M. Guestier, pair de France, afin de visiter les chais et les caves. Des tapis étaient placés dans les escaliers et dans les corridors. Rien ne peut donner l'idée de ces vastes chais, de ces caves immenses, éclairés aux bougies dans toute leur longueur, et qui offraient ainsi le plus magique coup-d'œil.

Des arbustes et des fleurs ornaient les pas-perdus et les avenues des caves.

LL. AA. RR. ont été reçues par M. Guestier, pair de France, ses deux fils, et M. Phélan, son gendre. On remarquait aussi avec M. Guestier, M. Lawton.

Les Princes se sont arrêtés d'abord dans l'atelier de tonnellerie, où un très-grand nombre d'ouvriers étaient occupés à leurs travaux.

De là, ils ont parcouru les chais, et sont descendus ensuite dans les caves, qu'ils ont visitées dans le plus grand détail et avec un intérêt tout particulier. M. Guestier répondait aux questions des deux illustres visiteurs.

LL. AA. RR. ont porté aussi la plus vive attention aux caves destinées aux vins en bouteille ; elles ont paru étonnées en voyant ces immenses casiers garnis du haut en bas par les meilleurs vins du monde.

Quelques minutes après, LL. AA. RR. et leur suite se trouvaient dans l'atelier de tonnellerie, transformé, comme par enchantement, en une élégante salle à manger.

Là, LL. AA. RR. ont bien voulu s'asseoir à une table improvisée, et accepter une collation. Le duc de Nemours avait à sa gauche l'honorable M. Guestier, et à sa droite M. le marquis de Castelbajac; le duc d'Aumale, placé en face de son frère, avait à sa droite M. le baron Sers, et à sa gauche M. Guestier fils aîné; la table était de plus de vingt couverts.

Pendant tout le temps de la collation, LL. AA. RR. ont montré la gaîté la plus franche, et les ouvriers rangés autour de l'atelier paraissaient heureux et charmés de l'attitude simple et de l'air de bonté des deux fils du Roi.

Après la collation, LL. AA. RR. se sont retirées, en remerciant l'honorable M. Guestier de son gracieux accueil.

Au sortir de chez M. Guestier, les princes se sont rendus dans l'atelier de M. Maggesi; ils ont donné à notre habile sculpteur les témoignages d'une vive satisfaction. Après avoir examiné avec soin le modèle en plâtre de la statue du cardinal de Cheverus, qui doit couronner le monument que la piété des fidèles et du clergé de Bordeaux veut élever au saint archevêque, dans une des chapelles latérales de Saint-André, les Princes ont passé dans le grand atelier où est déjà debout la statue ébauchée de Michel-Montaigne, haute de 4 mètres 66 centimètres. Montaigne est représenté en costume de maire de Bordeaux. Sa pose calme est pleine d'abandon; sa figure pensive et son sourire fin révèlent le profond et spirituel sceptique.

Après avoir complimenté M. Maggesi sur les beaux travaux qu'il exécute, les princes ont invité l'artiste à dîner avec eux.

LL. AA. RR. sont ensuite rentrées au palais. Avant de se retirer dans ses appartemens, Mgr le duc de Nemours s'est avancé vers M. Mareilhac, commandant le détachement de la garde nationale à cheval qui lui avait servi d'escorte, et l'a prié d'accepter ses remerciemens en termes pleins de courtoisie et d'effusion.

Une foule considérable s'était portée sur les principaux points du passage de LL. AA. RR., qui ont été saluées partout par de nombreux vivats.

S. A. R. Mme la duchesse de Nemours n'a point pris part à cette excursion. Elle est demeurée dans ses appartemens.

Quarante-et-une personnes ont été invitées ce jour-là à la table de LL. AA.; ce sont :

M. le Préfet de la Gironde, M. le Maire, M. de Castelbajac, lieutenant-général, M. le lieutenant-colonel du 45me, M. Billaudel, député, M. le Maire de Dax, M. le Préfet des Landes, M. de Gajac, colonel d'état major, M. Maggesi, M. Digne, chef d'escadron, M. Vencoux, colonel, M. Castagnet, commandant du génie, M. Racine, major du 45me, M. Girard, chef d'escadron des dragons, MM. Dotézac et Miailhe-Perrens, lieutenans-colonels de la garde nationale, M. Biquet, commandant de la garde nationale, MM. Chappaz, Pédroni, Cabrol, Jabouneau, Bonnet et Mareilhac, officiers de la garde nationale, M. Alliès, capitaine de marine, M. Filleau, commandant des pompiers, M. de Persil, chef d'escadron, un sous-préfet maritime, sept officiers de la maison du duc de Nemours, six de la maison du duc d'Aumale et deux officiers du poste de l'Hôtel-de-Ville.

Le soir a eu lieu, dans la salle Francklin, la brillante fête offerte à Leurs Altesses Royales par le Tribunal et la Chambre de commerce réunis, et pour laquelle nos femmes les plus à la mode se préparaient depuis plus d'un mois.

Dès six heures, une foule immense encombrait les abords de la rue Vauban et s'étendait en haie serrée le long du pavé des Chartrons. Depuis midi, les voitures avaient commencé à prendre la file; en attendant l'ouverture des portes qui avait été annoncée pour huit heures.

A huit heures, en effet, il a été permis de pénétrer dans l'enceinte du nouveau Casino. Un grand nombre d'impatiens avaient déjà quitté leurs voitures et s'étaient rendus, par les trottoirs planchéiés qui bordaient la rue dans toute sa longueur, jusque sous la tente faisant face à la porte d'entrée. Un détachement de la garde nationale y avait été placé pour maintenir l'ordre.

Les décorations du péristile intérieur disposaient parfaitement aux magnificences de la salle. Partout des fleurs, des lustres, des tentures. L'escalier couvert d'un riche tapis, étalait des deux côtés une verte rampe d'arbrisseaux aboutissant au vestibule. Là, des commissaires, au nombre de quarante, introduisaient les dames dans la salle du bal. Nous ne saurions trop rendre hommage à l'empressement et à l'exquise politesse par eux déployés dans l'exercice de leurs galantes fonctions.

La salle de bal était éclairée par vingt-et-un lustres et douze girandoles. Au premier aspect, il était impossible de ne pas être ébloui par la splendeur du spectacle qui se révélait aux yeux. Ce n'était d'abord qu'une magnifique confusion de parures, de lumières, de velours, de dentelles; tout cela bruissant, s'agitant au milieu d'une atmosphère éclatante et remplie de parfums, au son d'une musique harmonieuse. Mais lorsque de l'ensemble on passait aux détails, l'attention n'était pas moins captivée par ce nouvel examen. Dans les mille caprices de l'ornementation qui avait présidé à l'embellissement de la salle, dans les draperies, dans les peintures, dans les moulures, dans les arabesques, il y avait de quoi défrayer l'imagination de vingt Scudéry à la tâche.—La tribune, placée au-dessus de la porte d'entrée, avait été réservée, à LL. AA. RR. Elle était tendue de draperies de soie bleue rayées de blanc ; au-dessus, un trophée militaire montrait, dans un cartouche, ces mots : VIVE LE ROI ! — Elle était éclairée par deux lustres à bougies et fermée par deux portes à glaces.

L'orchestre, composé des musiciens du Grand-Théâtre, sous la direction de M. Massip, était placé vis-à-vis, dans le fond. Un second orchestre, dont les symphonies lointaines arrivaient par bouffées, se trouvait dans la salle à manger. C'était la musique du 45me régiment. — Ces deux orchestres, dont l'un semblait l'écho de l'autre, produisaient un effet merveilleux.

Les loges d'en bas avaient été fermées par des glaces, devant lesquelles étaient assises une triple rangée de femmes élégamment parées, dont les riches toilettes se trouvaient répétées à l'infini ; ce qui contribuait à donner à cette fête des proportions féériques. — Au-dessus, une seconde guirlande de femmes ceignait les deux galeries, et s'étendait, en ondulant, depuis la loge princière jusqu'à l'estrade des musiciens.

Le foyer présentait également un coup-d'œil délicieux. Au milieu, une glace de grande dimension s'inclinait sur un canapé recouvert de velours rouge. Des draperies de damas de même couleur tranchaient seules sur son architecture imposante. Rien de plus simple, de plus noble, de plus beau, que ces murailles à peine festonnées, toutes resplendissantes de leur blancheur mate et sévère, contre laquelle venaient se briser les rayons vacillans des girandoles. Il n'est pas de tapisseries, si riches qu'elles puissent être, qui vaillent à nos yeux cette magnifique nudité de la pierre vierge. — Des vases de forme élégante, où s'épanouissaient de superbes hortensias, garnissaient les galeries qui forment le trait d'union entre la salle et le foyer.

Et maintenant, jetez au milieu de ces appartemens somptueux, dans cette salle ruisselante de lumière, dans ces corridors, sur ces escaliers, partout, une foule élégante et choisie, des notabilités de toutes sortes, des généraux, des pairs de France, tout ce que notre ville enfin renferme de plus distingué et de plus illustre, et vous aurez une idée de ce que devait être cette fête, dont la cité gardera long-tems le souvenir.

Il était près de neuf heures et demie quand LL. AA. RR. sont arrivées. — Elles ont été reçues, à leur descente de voiture, par

MM. les membres de la Chambre et du Tribunal de commerce; MM. les commissaires du bal formaient la haie des deux côtés du grand escalier, en haut duquel se trouvaient Mmes Damas, Bruno-Devez, Basse et Félix Delbos, chargées de faire les honneurs du bal à Mme la duchesse de Nemours.

Mme Damas a gracieusement complimenté S. A. R. en lui offrant des fleurs.—Mme la duchesse de Nemours donnait le bras à M. Damas, président de la Chambre de commerce.

A leur entrée dans la loge royale, un immense cri d'enthousiasme s'est élevé de toutes les parties de la salle; tous les yeux étaient fixés vers les princes et la princesse, qui saluaient la foule.

S. A. R. Mme la duchesse de Nemours a pris place alors sur le devant de la loge, entre Mme Bruno-Devez et Mme Damas. Mme Félix Delbos, Mme Basse, Mme la duchesse Decazes, Mme Guestier, Mme la vicomtesse Pelleport, Mme Gautier, Mme la baronne Sers, Mme la baronne de Carayon-Latour, Mme la marquise de Lagrange, étaient également dans la loge de la princesse.

Mme la duchesse de Nemours a dansé le premier quadrille avec M. Damas, président de la Chambre de Commerce, ayant en face Mme Damas et M. Bruno Devez, président du Tribunal de Commerce. — Le second, avec M. Dotézac, lieutenant-colonel de la garde nationale. — Le troisième, avec M. de Liousse, lieutenant-colonel du 21me léger, ayant en face Mlle Lacoste, qui avait complimenté la princesse le jour de son arrivée, et M. Peyrusset, l'un des commissaires adjoints. — Le quatrième quadrille devait être dansé par S. A. R. avec M. Bruno-Devez, mais la princesse étant fatiguée, le quadrille n'a pas eu lieu.

Vers onze heures et demie, LL. AA. RR. sont descendues dans la salle du banquet qui se trouve située, comme on sait, sous la salle de bal.

La salle était tendue de jaune. Un massif de verdure avait été improvisé près de chacune des deux portes. La musique militaire jouait dans le fond.—Une table de quarante-cinq couverts, chargée de toutes les raretés imaginables, et entre autres de superbes ananas, s'élevait au milieu, destinée à recevoir LL. AA. RR. et leur suite. — Les convives étaient placés de la manière suivante : à droite de la princesse, M. Damas, président de la Chambre de commerce; et à gauche, M. Bruno-Devès, président du Tribunal de

commerce; à la droite de M. Damas, se trouvait Mme la comtesse
d'Oraison, dame d'honneur de S. A. R. — M. le Duc de Nemours
était en face de la Duchesse : il avait à sa droite Mme Damas, et à sa
gauche, Mme Bruno-Devez ; M. le Duc d'Aumale était à la droite de
Mme Damas; et M. le duc Decazes, arrivé dans la journée, à gauche
de Mme Devez.

Parmi les autres invités, on remarquait : Mmes la baronne Sers,
la duchesse Decazes, Roullet, Guestier, Gautier, Ducos, Basse,
F. Delbos, de Bastard, Pelleport, de la Seiglière et de Lagrange ;
MM. Duffour-Dubergier, le baron Sers, le général Hurault de
Sorbée, le lieutenant-général de Castelbajac, le général Boyer, aide-
de-camp du duc de Nemours, le lieutenant-colonel baron Jamain,
aide-de-camp du duc d'Aumale, Borel de Bretizel et Reille, officiers
d'ordonnance du duc de Nemours, Beaufort d'Hautpoul, officier
d'ordonnance du duc d'Aumale, Cuvillier-Fleury, secrétaire de
ses commandemens, de Larnac, secrétaire des commandemens du
duc de Nemours, Roullet, de la Seiglière, Gautier, Guestier, pair de
France, Pelleport, Ducos, de Lagrange, Roul, Wustenberg, Martell, pair de France, le général Tempoure, Brun, préfet de Lot-et-
Garonne et M. de Gajac, colonel d'état-major de la onzième division
militaire.

Lorsque les Princes ont eu quitté la salle du banquet, la table
du milieu a été enlevée immédiatement, et il n'est plus resté qu'une
longue suite de tables rangées circulairement, auxquelles ont pris
part d'autres invités, en commençant par les dames. Ces tables
étaient servies avec élégance et profusion ; les mets les plus divers
et les plus exquis circulaient, ainsi que de magnifiques pièces de
pâtisserie.

Pour qu'on ait une idée des manificences culinaires étalées à cette
fête, voici le détail du service du buffet :

12 saumons, 24 galantines décorées à la gelée, 8 pièces froides
de veau, 6 forts rosbeffs froids, 15 jambons glacés à la gelée, 45
mayonnaises de poularde, 20 mayonnaises de homard, 24 pâtés en
croûte, 6 hures de sanglier, 12 bastillons d'anguilles, 16 langues
fourrées, 1,000 petits aspics décorés, 800 oranges en gelée, 3,500
sandwichs, 2,500 gâteaux décorés, 3,000 quartiers d'orange glacés,
3,000 glaces variées, 50 grosses pièces de pâtisserie, 10 pièces

montées, thé, café, punch chaud, rafraichissements assortis, service complet en vermeil.

Les Princes ont été d'une grâce et d'une amabilité charmantes; ils se sont plusieurs fois mêlés à la foule, adressant à toutes les personnes qui se trouvaient sur leur passage les paroles les plus gracieuses; — chacun se pressait autour d'eux avec émotion et respect.

Le duc de Nemours a des manières tout-à-fait chevaleresques; il est noble et digne, mais simple, bon et affable; sa physionomie rappelle tout-à-fait celle de son aïeul Henri IV. — C'est là une réflexion que tout le monde faisait, ce soir là, dans la salle. — Aussi, quand les habitans de Pau ont reçu au milieu d'eux S. A. R. le duc de Nemours, ils ont pu croire à une résurrection du *Béarnais*. — Tout le monde admirait aussi la physionomie franche et ouverte de Monseigneur le duc d'Aumale, la beauté et l'intelligence de son regard, vif et profond.

Mme la duchesse de Nemours était vêtue avec une élégante simplicité. C'est que mieux que toute autre elle peut aisément se passer de parure. Mme la duchesse de Nemours réalise à nos yeux le type difficile de la princesse, dans l'acception la plus étendue de ce mot. Elle a la grace et la noblesse innées; son regard est clair et perçant, ses traits fins et arrêtés; à la douceur allemande elle joint la vivacité française. Enfin, pour terminer par un mot prononcé dans un récent discours à elle adressé, elle a été créée *dans un jour de sourire*.

Les princes ont paru enchantés de l'accueil qu'ils recevaient, et en partant, LL. AA. RR. ont remercié, dans les termes les plus affectueux et les plus flatteurs, MM. les membres de la Chambre et du Tribunal de commerce, pour leur fête si brillante et si bien entendue. — Tout, en effet, dans les magnificences de cette nuit splendide, avait été disposé et ordonné avec une rare élégance, un extrême bon goût et une grande richesse; c'était véritablement une fête royale digne des hôtes illustres auxquels elle était offerte.

Il était près d'une heure quand LL. AA. RR. se sont retirées. A leur sortie de la salle de bal, elles ont été saluées par les plus vives acclamations.

A cinq heures du matin les quadrilles étaient encore fort animés.

7

Journée du 8 Août.

Cette journée avait été désignée pour une excursion à La Teste.

A dix heures, LL. AA. RR. M. le duc et Mme la duchesse de Nemours, escortées par un détachement de la garde nationale à cheval, accompagnées de M. le préfet, de M. le Maire, de M. le duc Decazes, de MM. les généraux Boyer et de Castelbajac, de MM. Roul et de Lassalle, députés, de MM. Deschamps et Alphan, ingénieurs, et de M. le conservateur des eaux et forêts, sont arrivées à la gare du chemin de fer, où elles ont été reçues par MM. les directeurs et administrateurs de la compagnie. Une foule considérable stationnait aux abords de la gare, dont la porte d'entrée, les couloirs et la salle d'attente étaient richement décorés de drapeaux tricolores en faisceaux et de vertes guirlandes de feuillage.

M. Mestrezat, directeur de la compagnie du chemin de fer, a remercié LL. AA. RR. de leur gracieuse visite, et a exposé au prince la situation présente de cette voie, ainsi que l'avenir qui pourrait lui être réservé si elle était placée sous son auguste protection.

La réponse de M. le duc de Nemours a été pleine de justesse et d'à-propos, et empreinte d'un sentiment bien vif d'intérêt pour l'administration.

Un train spécial avait été préparé. Le wagon de LL. AA. RR. était orné de guirlandes de feuilles de chêne et de fleurs, et surmonté aux quatre coins de drapeaux tricolores.

L'un des autres wagons était occupé par des musiciens qui ont exécuté plusieurs morceaux pendant le trajet, au départ et à l'arrivée.

LL. AA. RR. ayant pris place, le convoi se mit en route. Quelques minutes après, il laissait derrière lui le paysage si pittoresque et si animé de Pessac, pour entrer dans ces steppes immenses où l'œil se fatigue en vain à chercher un accident de terrain ou de végétation; vaste nappe de verdure, qui semble placée là tout exprès pour servir de transition entre la cité et la mer, et qui prépare si merveilleusement l'esprit des voyageurs par la monotone immensité de ses bruyères, au spectacle que vont bientôt lui offrir les tumultueuses magnificences de l'Océa .

Arrivées à Marcheprime, singulière oasis de ce singulier désert, où la locomotive altérée stationne quelques minutes pour renouveler son eau et reprendre sa puissante haleine, LL. AA. RR. parurent vivement impressionnées du spectacle si nouveau qui s'offrait à leurs regards. Le bruit de leur prochain passage avait transpiré en effet jusques au fond des Landes, et toute cette pittoresque population, montée sur ses échasses, armée de ces longs bâtons qui l'aident dans sa marche ou lui servent de siége au repos, s'était pressée d'accourir pour voir et saluer les enfants du Roi. L'un de ces bergers s'avança vers la princesse et lui offrit un agneau. Son compliment ne fut pas long, mais on peut affirmer qu'il fut sincère: « Que Dieu vous bénisse, madame la princesse, ainsi que votre mari et vos enfans. Vive le Roi ! »

M. Dumora, notaire à Sainte-Croix-du-Mont, au nom du maire de la commune de Biganos, adressa à S. A. R. Monseigneur le Duc de Nemours l'allocution suivante :

« Prince,

» Le maire et les habitans de Biganos m'ont confié l'insigne honneur d'être l'interprète de leurs sentimens près de Votre Altesse Royale.

» Nos landes sont fières de la visite que vous venez leur faire, et leurs enfans viennent spontanément déposer à vos pieds l'expression de leur reconnaissance et de leur dévouement.

» A une époque qui n'est pas encore très reculée, un prince illustre sur les traces duquel vous marchez, le duc d'Orléans, dont le souvenir nous est cher et qui est l'objet de tous nos regrets, traversa aussi ces mêmes lieux et nous fit entendre des paroles d'encouragement.

» Les longs jours de paix qui ont lui sur la France et que nous devons à la sagesse du Roi, en favorisant le développement de l'industrie et de la prospérité publique, ont amené un changement notable dans notre position sociale. Un chemin de fer, fruit du concours éclairé d'hommes dévoués et généreux, est venu nous tirer du néant et porter la vie et la civilisation dans nos contrées désertes; nos terres, si longtemps délaissées, ont fixé l'attention des capitalistes et des agronomes, et divers travaux opérés par le gouvernement ont amélioré nos voies de communication et hâté l'heure de notre régénération.

» Vous venez, prince, par votre présence, sanctionner ce qui a été fait et nous apporter de nouvelles espérances pour l'avenir, car votre voyage dans notre Gironde est un gage assuré de l'intelligente et paternelle sollicitude de votre royal père pour ses sujets; et puis, vous, prince chéri des Français, vous ne vous contentez pas d'être la gloire de la France par l'éclat des armes, vous voulez encore être le bienfaiteur de tous les citoyens par l'empressement que vous mettez à étudier leurs besoins et à les satisfaire.

» Et nous, Landais, qui ne connaissons que le langage du cœur, nous vous disons aussi, Prince, avec notre simplicité native, que vous ne trouverez nulle part des partisans plus zélés que nous de la dynastie de juillet, des hommes plus dévoués à nos institutions, à l'ordre et à la liberté, et dont l'amour soit plus ardent pour le Roi, modèle de toutes les vertus, et pour ses valeureux fils qui font l'orgueil de la France et notre admiration. »

« Madame,

» Permettez aux Landais d'unir leurs voix à cette population empressée qui vous entoure partout de ses hommages et de ses bénédictions, et de se réjouir avec tous leurs concitoyens de la Gironde, de posséder cette bonne et gracieuse princesse de Nemours qui, par ses qualités et ses vertus, est si digne d'appartenir à cette noble Famille Royale de France qui attire sur elle tous les regards.

» Daignez agréer, Madame, l'expression sincère de notre respect profond, de notre reconnaissance et de notre dévouement. »

M. le duc de Nemours remercia cordialement M. Dumora des bons sentiments qu'il venait de lui exprimer.

Le convoi reprit alors sa marche au milieu des plus vives acclamations. Bientôt après, la brise, toute chargée du parfum agreste des algues marines, fit comprendre aux voyageurs que la mer n'était pas loin, et un coup de sifflet de la locomotive annonça aux habitants de la Teste que le convoi touchait prochainement au terme de sa course. A onze heures et demie, le wagon de LL. AA. RR., précédé d'une locomotive marchant en éclaireur, entrait sous la gare de La Teste.

Le prince et la princesse mirent pied à terre, et se rendirent sous un élégant arc-de-triomphe en forme de pavillon, élevé à quelques pas de la gare. C'est là que les autorités du pays, au milieu d'un vaste carré formé par la garde nationale à pied, par une garde d'honneur à cheval, par les douaniers et par un détachement de gendarmerie, attendaient LL. AA. RR.

Aussitôt que LL. AA. RR. eurent mis le pied sur l'estrade

recouverte d'un large tapis, M. Hameau, maire de La Teste, entouré de MM. Bayle, premier adjoint; Bestaven, deuxième adjoint; Lestout, Pontac jeune, Lalesque père, Lescat, Dumora, Dumet, Fleury, membres du conseil municipal; Turgan, juge-de-paix; Baleste-Marichon, membre du conseil-général; Lhotellerie, commissaire de la marine; Malleval, inspecteur des Douanes; Dumugron, garde-général des forêts; Dejean, directeur du canal, etc.,—prit la parole, et adressa au prince l'allocution suivante :

« Monseigneur, Madame,

» Je viens, avec respect, au nom de mes concitoyens et au mien, rendre grâce à Vos Altesses Royales, pour l'honneur qu'elles daignent nous faire en venant visiter notre pauvre pays. Nous mériterions cette faveur insigne, si une vive affection pour votre auguste famille et une juste admiration pour Vos Altesses pouvaient nous en rendre dignes.

» Quoique jeune encore, Prince, vous vous êtes élevé au premier rang de nos guerriers par votre vaillance, et la patrie reconnaissante voit en vous, avec un noble orgueil, un héros qui saura la défendre au jour du danger.

» On n'est pas surpris de voir tant de courage en Vos Altesses, parce qu'on sait qu'il est inhérent au sang du Roi magnanime et sage que la Providence nous a donné, et que le monde révère. De Jemmapes à Anvers, de Constantine à Ulloa, et de la Smala à Tanger ou à Mogador, c'est toujours le même héroïsme qui éclate pour soutenir l'honneur de votre race et celui de la France.

» Votre Altesse a dû gémir en traversant nos landes, et désirer de voir disparaître cet immense désert du sol de la France. Ce vœu, qui fut aussi celui du plus illustre de vos aïeux, d'Henri-le-Grand, pourrait très-facilement s'accomplir sous votre puissante protection, et ce serait une conquête digne de Votre Altesse, parce qu'elle est grosse de bonheur et d'immortalité.

» Un des premiers moyens pour arriver à cet heureux résultat, ce serait d'améliorer le port de La Teste, seul refuge offert aux navigateurs entre la Gironde et l'Adour, qui, par sa position, paraît destiné à devenir comme l'avant-port, comme le Pirée de Bordeaux. Il faciliterait les relations commerciales de cette superbe cité, surtout celles qu'elle a le plus grand intérêt de former avec l'Espagne, car peu d'heures suffiraient aux bateaux à vapeur pour franchir le court espace qui nous sépare de ce royaume. La chaussée qu'on vient de terminer, et pour laquelle nous devons une infinie reconnaissance au gouvernement, peut être considérée comme le commencement de l'œuvre éminemment utile que je propose.

» Madame, vous dont la renommée annonce l'éclatant mérite, et dont le cœur est maintenant tout français, ne pourriez-vous pas, tandis que votre royal époux s'occuperait à former des héros par ses leçons et par ses exemples, prendre une part active à cette gloire plus douce et non moins grande que celle des armes, que l'on acquiert en fertilisant la terre, en facilitant le commerce et en civilisant les peuples!

» O Prince! ô Madame! si vous daigniez exaucer un peuple pauvre, qu'on dirait sortir à peine du berceau de la nature, mais dont les vertus surpassent la misère, qui implore vos secours par ma faible voix, bientôt, par vos inspirations, ces steppes qui attristent l'âme prendraient une nouvelle vie! Bientôt ces bons Landais, dont vous auriez fait le bonheur, chanteraient vos louanges et vous béniraient!

» Venez avec confiance, augustes voyageurs, au sein d'une population peu brillante, mais dévouée, qui, ne pouvant vous accueillir avec magnificence, vous manifestera sa fidélité et son amour par ses acclamations et ses hommages. »

Une réunion de jeunes personnes, parmi lesquelles on remarquait Mlles Rose Hameau, fille de M. le maire, Lescat, Moulietz, Labassens, Déjean, Marichon, Lhotellerie, Lajeunesse et Clavier, offrit ensuite une belle corbeille de fleurs à S. A. Mme la duchesse de Nemours.

Voici le compliment prononcé par Mlle Rose Hameau :

« Madame,

» Sensibles à l'honneur que vous daignez nous faire en venant visiter nos contrées, et encouragées par tout ce que la renommée dit de votre touchante bonté, nous nous présentons à Votre Altesse Royale pour lui offrir nos respectueux hommages, et ces fleurs, emblème de nos âmes et de la pureté de nos sentimens.

» Par cette offrande, que nous prions humblement Votre Altesse d'agréer, nous avons en vue d'honorer la fille adoptive de notre bon Roi et de notre Reine, que nous savons être, par sa piété et par ses vertus, le modèle et l'ornement de notre sexe.

» Il ne nous est pas donné, Madame, de pouvoir dire combien est grand le bonheur que nous goûtons en votre présence ; mais en écoutant nos cœurs, nous entendons un vœu bien sincère que nous pouvons exprimer.

» Daigne la divine Providence répandre ses graces et ses bénédictions sur Votre Altesse Royale! daigne le ciel exaucer nos vœux pour le bonheur de votre auguste époux! »

La princesse se montra fort sensible à ce compliment, et embrassa avec affabilité Mlle Hameau. M. le duc de Nemours, avant de partir, passa devant les rangs de la garde nationale, qui l'accueillit par de

bruyants vivats. LL. AA. RR. étant montées ensuite dans une calèche à quatre chevaux, où prirent place auprès d'elles Mᵐᵉ d'Oraison,
dame d'honneur, et M. Boyer, lieutenant-général, se rendirent, précédées par la garde d'honneur à cheval , à l'établissement de
M. Gaillard., où un déjeûner avait été offert, par S. A. R., aux personnes qui l'accompagnaient.

A leur arrivée , le syndic des pêcheurs est venu faire hommage
à LL. AA. RR. d'un panier de poissons pêchés le matin même , et
dont la variété et la beauté ont attiré l'attention de tous. Il a accompagné son offrande de l'allocution suivante :

    « Monseigneur, Madame,

  » Les pêcheurs du littoral du bassin d'Arcachon, heureux et fiers de
vous posséder parmi eux, viennent faire hommage à Vos Altesses Royales
de leur dernière pêche. Celle-ci n'a coûté la vie de personne comme celle
de 1836, dont le souvenir réveillerait toutes nos douleurs si elle ne nous
rappelait en même temps l'inépuisable bonté du Roi et de votre auguste
famille; exempte de tout danger, la joie seule y a présidé, excitée en nous
par l'espoir d'être agréables à d'aussi bons princes.

  » En contemplant cette magnifique baie, votre sollicitude pour nous et
pour notre marine en général ne pourra qu'augmenter encore. Vous
admirerez comme nous sa vaste étendue et ses rades nombreuses, et vous
direz sans doute que la Providence a été généreuse envers cette contrée;
mais si elle a fait ici beaucoup pour l'homme, il n'en saurait retirer tous
les avantages que sous la condition d'achever l'œuvre qu'elle a commen-
cée. Un mot de protection de Vos Altesses Royales, et le bassin d'Arcachon , à l'aide de travaux indispensables, peut devenir un havre facile et
l'un des beaux ports de France, tant pour la flotte que pour le commerce.

  » Non loin d'ici existe un lieu révéré de tous les marins. Souffrez,
Princes, que nous vous y conduisions. Venez dans la chapelle sainte de
Notre-Dame d'Arcachon, mêler vos prières aux nôtres pour la France et
pour le Roi, et entendre les vœux particuliers que nous lui adressons pour
la conservation des jours précieux de Vos Altesses Royales. »

Dans la salle à manger de l'établissement, qui avait été fort élégamment décorée , se dressait une table de trente-cinq couverts ,
à laquelle prirent place : M. Duffour-Dubergier, maire de Bordeaux ;
M. le baron Sers, préfet de la Gironde ; MM. de Castelbajac, lieutenant-général; Boyer , lieutenant-général; Hurault de Sorbée,

maréchal-de-camp; De Lassalle et Roul, députés de la Gironde; Decazes, grand référendaire de la Chambre des Pairs; Deschamps, ingénieur en chef du département; Alphan, ingénieur; Mestrezat, président du conseil d'administration du chemin de fer; A.-L. Pereyra, vice-président; Aristide Pereyra, directeur; Johnston, Delbos, Hovy, Bethmann, administrateurs; Bichon, ingénieur; De Prigny, commissaire-général de la marine; Dumugron, garde-général des forêts; Lhotellerie, commissaire de la marine; Hameau, maire de La Teste; Piché, lieutenant de vaisseau, commandant le bateau à vapeur le *Voyageur,* mouillé dans le bassin d'Arcachon, etc., etc.

Après le déjeuner, LL. AA. RR. traversèrent la plage, et se dirigèrent vers le bassin, où les attendait un canot armé de huit rameurs. LL. AA. RR. y prirent place, et les augustes visiteurs se mirent en route pour la chapelle d'Arcachon. Une cinquantaine de *tilloles*, chargées de curieux et pavoisées aux trois couleurs, suivaient le canot de LL. AA. RR. Une foule nombreuse de piétons et de cavaliers, éparpillés sur la plage, marchaient de concert avec la flottille, et purent arriver en même temps qu'elle au lieu de sa destination, grace à l'action violente des courans contraires.

En ce moment, les bords du bassin d'Arcachon présentaient le plus charmant spectacle qui se puisse imaginer. Toutes ces barques effilées, décorées de leurs oriflammes, glissant pêle-mêle sur les eaux bleues du lac qu'agitait une fraîche brise; tous ces hommes, toutes ces femmes, marchant sur ce vaste tapis de sable fin moiré par les vagues du bassin, ou juchés sur le sommet des dunes; les cris des marins auxquels répondaient les acclamations du rivage; le bruit des rames, le clapotement des flots, le hennissement des chevaux, donnaient à cette scène, qu'illuminait un magnifique et splendide soleil, l'aspect le plus séduisant, le plus animé que puisse rêver la féconde imagination des poètes.

Arrivée en face de l'admirable allée si délicieuse de verdure et de fraîcheur, conduisant de la dune qui borde le bassin à la chapelle, la brillante escadrille aborda le rivage. LL. AA. RR. mirent pied à terre sur un débarcadère disposé à cet effet, et s'avancèrent dans l'avenue, entourées d'une foule énorme. Le curé de la chapelle reçut LL. AA. RR. sur le seuil de l'église, et leur adressa un discours auquel Mgr le duc de Nemours répondit par des paroles que notre

éloignement ne nous a pas permis de saisir. Puis, LL. AA. RR.
prirent place dans le chœur, où elles entendirent le chant du *Domine
salvum fac Regem*.

A la sortie de la chapelle, le Prince et la Princesse se sont trouvés
complètement mêlés à la foule. Le Prince conversait familièrement
avec tous ceux qui l'approchaient, et la Princesse, placée sous l'influence des douces sensations auxquelles nul assistant n'a pu se
soustraire, semblait toute heureuse de se laisser aller à ces impressions. Arrivée au bas de la chapelle, la Princesse s'est baissée et,
cueillant quelques fleurs de bruyère rose et quelques brins de fou-
gère : *Je veux*, a-t-elle dit, *emporter un souvenir de ces lieux-ci*.
Au départ, tout le monde a remarqué que la Princesse tenait dans
sa main le modeste bouquet qu'elle avait voulu elle-même cueillir.

Cette courte cérémonie terminée, Monseigneur le Duc de Nemours reconduisit à son canot Madame la Duchesse, qui retourna
prendre quelque repos dans les appartemens qui lui étaient préparés
chez M. Gaillard. Monseigneur le Duc de Nemours monta ensuite un
de ces petits chevaux nains des landes, si renommés pour leur
vigueur et leur sobriété, et, suivi d'une cavalcade d'environ cent
personnes, composée de lieutenans-généraux, de maréchaux-de-
camp, d'officiers d'état-major de tous grades, de gardes nationaux,
d'ecclésiastiques, de magistrats, de baigneurs et même de bai-
gneuses, il se dirigea vers le cap Ferret. Arrivé à la hauteur de ces
redoutables passes où tant d'infortunés marins du pays ont trouvé
la mort, le cortège tourna à gauche et s'enfonça dans les profon-
deurs de la forêt. Un charmant abandon, maintenu dans de justes
bornes, régnait parmi la cavalcade. M. le duc de Nemours avait
allumé un cigarre ; les fumeurs eurent bientôt suivi cet exemple,
et, fumant et devisant, on arriva sur le sommet de la dune où se
dresse le monument élevé à la mémoire du célèbre Brémontier,
dont le nom n'avait pas besoin de ce bloc de marbre rouge pour
vivre éternellement dans les souvenirs du pays. A l'aspect de ce
modeste monument, le prince se découvrit. Toute la société en fit
autant, et le cortège ayant repris sa route arriva bientôt après à La
Teste, où il fit son entrée en même temps que la voiture qui rame-
nait, par la chaussée, Mme la duchesse et sa suite.

Le Prince, arrivé dans l'intérieur de la gare, examina les plans
du pays qu'il venait de parcourir, et qui avaient été mis sous ses

8

yeux par M. Deschamps, puis il donna le signal du départ, après avoir félicité vivement MM. les administrateurs du chemin de fer.

Il était quatre heures. A cinq heures et un quart LL. AA. RR. arrivaient à Bordeaux. Reconduites jusqu'à la portière de leur voiture par M. Mestrezat, elles eurent encore l'occasion de lui adresser leurs félicitations et leurs remerciements, et de lui donner de nouveau l'assurance que cette excursion dans le pays si pittoresque des Landes vivrait long-temps dans leur mémoire, comme un de leurs plus agréables souvenirs.

Après le départ de LL. AA. RR., les gardes nationaux et un grand nombre d'habitants de La Teste se sont réunis en un banquet, où plusieurs fois ont été porté des toasts au Roi et à LL. AA. RR. Mgr le duc et Mme la duchesse de Nemours.

A cinq heures et demie, LL. AA. RR. étaient rentrées au Palais.

M. le duc d'Aumale était parti dans la matinée pour aller s'installer au château de Belfort, destiné à lui servir de résidence pendant la durée du camp.

Journée du 9.

Cette journée a été consacrée aux réjouissances destinées à célébrer la présence de LL. AA. RR. à Bordeaux. Les bâtiments de la rade étaient pavoisés; des jeux publics avaient été dressés sur les Quinconces. Le soir, un feu d'artifice devait être tiré à neuf heures et suivi du bal du Grand-Théâtre, offert par la ville à LL. AA. RR.

Dès le matin, à onze heures, Mgr le duc et Mme la duchesse de Nemours sont sortis de l'Hôtel-de-Ville pour se rendre à Caudéran, afin de poser la première pierre de l'église qui va être érigée dans cette commune.

LL. AA. RR. étaient dans une calèche découverte conduite à la Daumont. — Mme la comtesse d'Oraison, M. le baron Sers, préfet de la Gironde, M. Duffour-Dubergier, maire de Bordeaux, M. le lieutenant-général marquis de Castelbajac, commandant la onzième division militaire, M. le lieutenant-général Boyer, aide-de-camp de S. A. R. le duc de Nemours, M. le général Hurault de Sorbée, MM. Borel de Brétizel et Reill, officiers d'ordonnance, et M. de Gajac, colonel d'état-major, accompagnaient LL. AA. RR.

Arrivées à la Croix-Blanche, LL. AA. RR. ont été reçues par M. le docteur Mabit père, maire de la commune de Caudéran, à la tête de son conseil municipal. — Le cortège s'est ensuite remis en marche, et l'on n'a pas tardé à arriver bientôt sur les lieux où doit être élevée l'église.

Là, une population immense encombrait la route et faisait retentir l'air des cris de : *vive le Roi ! Vive M. le duc de Nemours ! vive la Princesse !*

Une enceinte réservée avait été de bonne heure envahie par une foule élégante. — Au bout de l'enceinte, s'élevait un délicieux pavillon destiné à LL. AA. RR. et à leur suite. — C'est là qu'un gracieux essaim de jeunes filles vêtues de blanc sont venues offrir des fleurs à Mme la duchesse de Nemours. L'une d'elles, Mlle Clémence Marsan, fille de M. Marsan, propriétaire de la commune de Caudéran, a prononcé les paroles suivantes :

« Madame,

» Permettez aux jeunes filles de Caudéran de vous offrir quelques fleurs ; elles passeront vite ces fleurs, mais les sentimens de respect et d'amour que vous nous inspirez dureront toujours. Si vous daignez les accepter, vous nous rendrez heureuses, et ce souvenir fera l'orgueil de nos vieux jours, A l'exemple de nos parens, nous faisons des vœux pour votre bonheur, pour la prolongation des jours du Roi, votre auguste père, et de toute la famille royale. »

Mme la duchesse de Nemours a remercié Mlle Marsan, avec cette grace parfaite et cette affabilité qui ne l'abandonnent jamais.

M. Mabit, maire de la commune, s'est ensuite avancé, et a complimenté Mgr le duc de Nemours, au nom du conseil municipal et de la population de Caudéran.

Voici en quels termes M. Mabit s'est exprimé :

« Monseigneur,

» Daignez agréer les hommages respectueux du conseil municipal et de la population de Caudéran. C'est une fête pour nous tous d'être visités par les princes qui entourent ce trône, si nécessaire à la France, et devenu inébranlable par la haute sagesse du Roi et par notre reconnaissance pour ses bienfaits.

» Notre empressement n'est qu'un juste tribut de nos affections. Nous sollicitions, depuis longues années, la construction d'une église : ce vœu a été exaucé par le Roi, votre auguste père. Nous désirions que la pre—

mière pierre en fût posée par un de nos princes : VV. AA. RR. nous ont accordé cette faveur. Les espérances de l'avenir ajoutent encore à notre bonheur. Notre pieuse gratitude est impatiente de consacrer, dans cette modeste et solide église, un autel à sainte Amélie, à la patronne de votre digne mère, de notre Reine, qui est la consolatrice de toutes les infortunes et le modèle de toutes les vertus. Nous irons y prier pour l'accomplissement de vos souhaits; nous savons qu'ils se résument tous dans la prospérité de la France.

» Madame, recevez nos remerciements d'avoir embelli cette fête par votre présence; lisez dans tous les regards notre fidélité et notre dévouement pour la dynastie dont vous représentez, au milieu de nous, la douce bienfaisance et les vertus les plus aimables.

» *Vive le Roi ! vive la Famille royale !* »

Le prince a répondu à peu près en ces termes :

« C'est avec une douce satisfaction que j'accueille les vœux que
» vous venez de m'exprimer au nom du corps municipal de votre
» commune et de vos administrés. Je suis heureux de pouvoir,
» par ma présence au milieu de vous, concourir à une cérémonie
» aussi touchante, et poser la pierre qui doit servir de base à
» l'église que vous vous proposez d'ériger, bien convaincu que la
» religion, d'accord avec une sage administration, doit produire les
» meilleurs effets sur l'esprit des populations. Je vous remercie
» aussi, monsieur le maire, des sentimens affectueux que vous
» venez de m'exprimer pour Mme la duchesse de Nemours. Je ne
» saurais vous dire non plus combien j'ai été vivement touché du
» projet que vous avez conçu d'élever une chapelle en l'honneur de
» la patronne de ma mère. Elle sera sensible à cette sympathique
» et cordiale attention, que je n'oublierai pas de lui rapporter. »

M. Lavaud, curé de Caudéran, entouré d'un clergé nombreux, a prononcé l'allocution suivante :

« Monseigneur et Madame,

» Pour élever dignement la voix en présence de Vos Altesses Royales, il me faudrait l'éloquence de notre vénérable pontife. Sa pensée, à laquelle sont associés tous ses prêtres, est que, pour former des cœurs nobles, dévoués à Dieu, au Roi et à la patrie, c'est-à-dire des cœurs véritablement français, on doit s'appliquer à former des cœurs véritablement chrétiens. Or, telle est, prince, la tâche religieuse et patriotique qui relève les fonctions obscures en apparence d'un simple curé d'une paroisse.

» Votre auguste père, l'égal de ces génies rares dont le prodigieux regard embrasse tout, ne pouvait manquer de pénétrer ce grand secret par lequel règnent plus sûrement les maîtres du monde. Quand il voulut assurer le bonheur de notre Algérie, il dit: « Je relèverai la chaire d'Augustin! » Depuis quatorze siècles elle gisait abattue, et il ne s'était rencontré nulle main de pontife ni de monarque assez puissante pour la redresser.

» Tandis que la France continue le concert de louanges à la gloire de l'illustre Roi des Français, toi, petite contrée de cette France, Caudéran, que ne dois-tu pas à notre souverain? L'apôtre de l'Algérie, Louis-Philippe le choisit, il y a peu d'années, parmi tes enfans. C'est un Caudéranais qui tient dans l'Afrique la houlette du grand Augustin. Tes enfans, ô contrée aujourd'hui privilégiée, vivaient trop éloignés du temple où prièrent leurs ancêtres, et ton Roi veut qu'un temple s'élève au milieu de tes riants bosquets ; lui-même, par la main de son fils, pose la pierre angulaire de l'édifice qui sera inébranlable, parce qu'il y imprimera le cachet de sa grandeur.

» Aussi, Monseigneur, tandis que le sol africain redemandera peut-être le vainqueur de Constantine et ses glorieux frères, il y aura toujours dans cette église qui va surgir, et un humble prêtre et des fidèles qui demanderont au Seigneur de bénir le monarque bienfaiteur de la contrée, sa royale famille, surtout la vertueuse Reine des Français, et vous, Madame, sa vivante image parmi nous ! »

La cérémonie de la bénédiction, par Mgr l'Archevêque, n'a pas tardé à suivre.— Mgr l'Archevêque était accompagné de M. Martial, vicaire-général de l'archevêché. — Un grand nombre d'ecclésiastiques, parmi lesquels nous avons remarqué M. Bérouet, curé de Sainte-Croix ; M. Rabanel, curé de Saint-Bruno ; M. Blateyrou, professeur à la Faculté de théologie; MM. Bataille et Cluzan, aumôniers du Collége Royal, assistaient à cette solennité.

Après la bénédiction, LL. AA. RR. se sont avancées vers l'endroit où était la première pierre, et ayant pris des mains de M. le maire une truelle d'argent qui avait été préparée à cet effet, elles ont accompli les formalités usitées en semblable circonstance.— On a scellé ensuite dans la pierre une inscription destinée à rappeler cette touchante cérémonie.

Lorsque la bénédiction a été terminée, LL. AA. RR. sont revenues dans le pavillon, où M. Paul Coureau, jeune ingénieur de talent, à qui ont été confiés les travaux de la nouvelle église de Caudéran, a été admis à en présenter les plans à LL. AA. RR., qui lui ont adressé les plus vives félicitations.

M. Lamarque de Plaisance a offert également au Prince et à la Princesse son intéressant ouvrage sur les *Usages et chansons populaires de l'ancien Bazadais*. M. Lamarque de Plaisance a reçu de Monseigneur le duc et de Madame la duchesse de Nemours, l'accueil le plus gracieux et les remerciemens les plus flatteurs pour sa délicate attention.

LL. AA. RR. sont entrées un instant après dans les appartemens de la mairie, pour se reposer, et sont parties ensuite au milieu des vivats de la foule de Caudéran, qui gardera long-temps le souvenir de leur passage dans cette modeste commune.

Monseigneur le Duc de Nemours, quittant alors Madame la Duchesse, est monté à cheval escorté par un brillant état-major, et s'est rendu au château de Lognac, appartenant à M. le comte de Tocqueville, où est située la succursale du dépôt de remonte. Il y a été reçu par M. de Laroque-Latour, directeur du dépôt, et par M. le capitaine Grégoire. S. A. R. a visité l'établissement dans ses plus petits détails, et a porté la plus scrupuleuse attention sur les moindres objets. Le Prince a passé ensuite l'inspection des chevaux, qu'on a fait défiler un à un devant lui, dans la grande avenue du château. S. A. R. a eu l'air peu satisfaite en général des chevaux qui lui ont été présentés ; elle a fortement insisté sur l'importance de l'amélioration des races chevalines dans notre département, où l'armée pourrait facilement s'approvisionner.

Le Prince a présenté également, sur la nécessité d'avoir de bons produits et sur les moyens d'y arriver, plusieurs observations importantes, qui prouvent les connaissances profondes de S. A. R. sur cette matière.

Du dépôt de remonte, S. A. R. le duc de Nemours est allé visiter la belle filature de laines et la manufacture de tapis de MM. Larroque frères et Jacquemet, située dans la rue Lecoq. Le Prince a parcouru les différents ateliers avec la plus grande attention, et a complimenté ces honorables industriels sur la belle tenue et l'importance de leur établissement, l'un des plus considérables que nous ayons en ce genre.

En se retirant, S. A. R. a laissé aux ouvriers des preuves de sa royale munificence.

Pendant ce tems, Madame la duchesse de Nemours, en calèche

découverte, accompagnée de M. le maire et de M. le général Boyer, était allée visiter la salle d'asile de la rue de la Paix, à Saint-Seurin. S. A. R., reçue à l'entrée par le curé de cette paroisse et ses vicaires, a été complimentée par M. Reclus, inspecteur des écoles primaires, qui lui a présenté des fleurs au nom des élèves des diverses écoles du département. La princesse a répondu à M. Reclus par des paroles qui témoignent de ses sympathies pour l'œuvre des écoles et pour ceux qui les dirigent. Reconduite à sa voiture par M. l'inspecteur, S. A. R. l'a chargé de remercier les directrices pour l'accueil qu'elle en avait reçu.— Cette visite laissera d'agréables impressions dans la salle d'asile de la rue de la Paix.

Mme la duchesse de Nemours s'est successivement rendue à l'école communale, dirigée par Mme Lousier, et au couvent de la Miséricorde. Partout la Princesse s'est vue saluer sur son passage par les acclamations et les bénédictions de la foule empressée.

LL. AA. RR. étaient de retour au Palais vers quatre heures.

Le soir, LL. AA. RR. ont invité à leur table : M. le Préfet, M. le Maire, M. de Castelbajac; MM. Thiac, Lagarde, Balaresque et Troplong, membres du conseil municipal; M. Guestier fils, M. le général Favereau, M. le marquis de Lagrange, M. le major Siegman, M. le colonel Baoveda, M. le marquis de Casasola, M. le capitaine Tormes, MM. Foussat, Brunet, Préclos, Castillon, Fabre, Assier, membres du tribunal de commerce; M. Rabanis, M. Degranges-Touzin, M. Compans, M. Gerbeau, M. Degranges-Bonnet, M. Poumeyrol, M. Prévot de Leygonie, sept officiers de la maison de M. le duc de Nemours et cinq officiers du poste de la garde nationale.

Pendant ce temps, des réjouissances publiques avaient lieu par la ville. La direction des théâtres, s'associant à la joie unanime, avait voulu contribuer à cette fête, en donnant un spectacle gratis au Théâtre des Variétés. Nous devons dire que la foule qui s'était portée à cette représentation, n'a pas cessé un seul instant de se conduire d'une manière convenable, et que l'ordre le plus parfait a constamment régné.

A neuf heures, un feu d'artifice a été tiré sur les Quinconces, dont la vaste enceinte avait peine à contenir les milliers de curieux qui s'y étaient donné rendez-vous.

A neuf heures également, une autre partie de la population se pressait aux portes du Grand Théâtre, où devait avoir lieu le bal offert par la ville à LL. AA. RR. Mgr le duc et Mme la duchesse de Nemours et Mgr le duc d'Aumale.

Le magnifique local où cette fête était donnée, avait été décoré d'une façon admirable. Les colonnes du péristyle étaient toutes entourées de feuillages et de fleurs; des arbustes sans nombre garnissaient les côtés, et échelonnaient également les escaliers jusqu'à la hauteur des galeries supérieures. D'élégans tapis, déroulant tout au long leurs capricieuses arabesques, venaient encore ajouter à l'imposant aspect de cette entrée. — Le buste de Louis était pour ainsi dire perdu au milieu d'un fourré de plantes et de fleurs les plus rares et les plus embaumées.

La salle de spectacle avait été éclairée par quatorze lustres, y compris le grand; de plus, un cordon de feu garnissait le paradis et l'amphithéâtre des secondes. — Un nouveau plancher avait aussi été placé entre celui de la salle et celui de la scène, afin de rendre moins sensible la pente qui existe entre les deux. — Trois rangs de banquettes en velours rouge avaient été disposés tout alentour. En outre, une petite estrade destinée à recevoir LL. AA., s'élevait adossée contre la loge de la préfecture. Les fleurs en formaient le principal ornement.

Les musiciens avaient été placés tout au fond, dans un kiosque découpé à jour, et peint par M. Alban. Ce kiosque, d'un délicieux aspect, faisait presque regretter que la tribune des princes n'eut pu y être établie.

Les peintures de la salle des Concerts avaient été rafraîchies. Cette salle était éclairée par onze lustres, suspendus au plafond par des torsades de feuillages et de fleurs. Les rideaux étaient en damas cramoisi, avec galeries recouvertes de cables dorés.

Quant à la salle des Grands-Hommes, elle avait reçu une restauration complète et du meilleur goût. On y remarquait les portraits de Quinault, de Voltaire, de Sophocle, de Regnard, de Molière, de Racine, de Corneille, de Destouches, d'Euripide et de Térence, enfermés dans des médaillons dorés; au-dessous se lisaient le nom de chaque auteur et la liste de ses principaux ouvrages dramatiques.

Long-temps avant l'heure indiquée, la foule des invités assiégeait la porte d'entrée, et à son ouverture, cette foule s'est, comme un flot tumultueux, précipitée dans l'enceinte.

Les dames, reçues à l'escalier par les commissaires, ont été conduites dans la grande salle, où aucun homme ne devait pénétrer qu'après l'entrée de LL. AA. RR.

Mais bientôt cette salle s'est trouvée insuffisante, et des centaines de dames ont été obligées de se réfugier dans les salles avoisinantes.

Peu de tems après, on a signalé l'arrivée de LL. AA. RR.; et aussitôt d'unanimes acclamations ont annoncé leur présence dans le bal.

La salle de spectacle offrait alors un admirable coup-d'œil : trois rangs de dames, dans les plus fraîches et les plus riches toilettes, en occupaient le tour ; la galerie et toutes les loges étaient également et uniquement occupées par des dames.—Il était difficile, en effet, d'imaginer une décoration plus élégante, et LL. AA. RR. n'ont pu s'empêcher d'en témoigner toute leur admiration.

Le bal a bientôt commencé : la princesse a dansé trois quadrilles.

Le premier, avec M. Curé, adjoint au maire, ayant en face M. Camille Lopes-Dubec et Mme de Bastard.

Au second quadrille, la princesse dansait avec M. Fieffé, colonel de la garde nationale, ayant en face M. Dumas, capitaine d'état-major, et Mlle Lacoste.

Au troisième, la princesse dansait avec M. Dupérier de Larsan, membre du conseil municipal, en face de M. Mialhe-Perrens, lieutenant-colonel de la garde nationale et de Mme N...

Ce n'est que vers onze heures et demie que les Princes et la Princesse se sont retirés, aux cris mille fois répétés de : Vive le Roi ! vive la famille royale ! qui les ont accompagnés jusqu'à leur sortie.

Il est à regretter que de graves désordres, résultant de quelques parties mal entendues de l'organisation de cette fête, soient venues, pendant quelques instans, troubler la parfaite harmonie de ce majestueux ensemble. Les invitations trop nombreuses qui avaient été faites, ont empêché d'admettre une grande partie des personnes invitées, dont la plupart se sont alors obstinées à stationner sous le péristile en attendant que les portes leur fussent ouvertes. Les sommations de l'autorité, pour les engager à se retirer, n'ont été accueillies que par des tempêtes de cris et des vociférations ; et à une heure du matin environ, les portes ont été, pour ainsi dire, forcées par la multitude, dont l'envahissement subit a jeté l'effroi dans la salle de spectacle et refoulé le monde déjà considérable, qui n'était parvenu à y pénétrer qu'avec les plus grands efforts.

9

Cet incident terminé, le bal a continué comme auparavant et s'est prolongé jusqu'à cinq heures du matin.

Journée du 10 Août.

Entre huit et neuf heures du matin, la musique des deux légions de la garde nationale a donné une sérénade sous les appartemens de M. le duc et de Mme la duchesse de Nemours. Le prince est sorti pour remercier lui-même les musiciens.

A sept heures, M. le duc d'Aumale, arrivé la veille du camp pour assister au bal de la ville, est reparti pour le château de Belfort.

A dix heures, le duc et la duchesse de Nemours, accompagnés du préfet, du maire, du général de Castelbajac, de leur secrétaire des commandemens et de leurs aides-de-camp et officiers d'ordonnance, se sont rendus à pied à la cathédrale, pour y entendre la messe. La garde d'honneur précédait LL. AA. RR., et la 2e légion de la garde nationale était échelonnée du palais à la métropole.

Une foule immense et empressée encombrait la grande nef, ainsi que les nefs latérales et les abords de l'église.

Monseigneur l'archevêque, suivi de ses vicaires-généraux, d'un grand nombre de curés des différentes paroisses de la ville et de son chapitre primatial, croix en tête, s'est dirigé vers la porte dite Royale, afin d'y recevoir LL. AA. RR. — C'est sous le porche de l'église que Monseigneur Donnet leur a adressé les paroles suivantes :

« Monseigneur et Madame ;

» Si la providence a voulu nous éprouver par la mort d'un prince qu'il nous fût donné de voir, il y a si peu de temps, dans ce même lieu, à cette même place, entouré de tant d'hommages, objet de tant d'admiration, elle a voulu nous consoler et joindre à un si grand sujet de regrets et de larmes, un puissant motif de sécurité et d'espérance.

» Si ce que nous prépare l'avenir n'est connu que de Dieu, nous savons toutefois, Monseigneur, ce que l'on peut attendre de ce goût pour les choses grandes et élevées, de ce mélange heureux de sensibilité et de noblesse qui fait comme le fond de votre caractère.

» Chaque fois que la France a demandé l'impôt du sang à quelques uns de ses enfans, les fils du Roi sont accourus les premiers. Quand on sait ainsi aimer son pays, et unir au courage la douceur, la justice à la bonté, on a trouvé les vertus qui font à elles seules les secrets des bons princes.

» Laissez-nous aussi, Madame, dire tout ce que la religion attend et a déjà reçu de vous ; soyez bénie d'avoir, sous les inspirations d'une foi vive et éclairée, contribué si puissamment à établir le règne de la simplicité et de la modestie partout où s'est montrée votre Altesse Royale.

» Votre passage parmi nous laissera d'utiles, d'ineffaçables souvenirs, comme nous avons la douce confiance que vous n'oublierez jamais cette bonne ville de Bordeaux; vous avez vu le zèle, le dévouement de ses administrateurs pour tout ce qui est bien, vous avez admiré les palais magnifiques dont elle a doté toutes les indigences, qu'elle a ouverts à toutes les douleurs. Vos Altesses Royales, en visitant nos églises, ont pu reconnaître l'esprit de foi qui a inspiré tant de belles œuvres.

» Ministre d'une religion qui prescrit aux hommes comme un devoir, le bonheur de s'aimer, avec quelle ferveur n'allons nous pas demander aux pieds des autels la cessation de tous les désordres, l'union de toutes les intelligences et de toutes les volontés dans une même foi, dans une charité commune ! Ces vœux seront exaucés, ils partent de tous les cœurs.»

Le prince a répondu :

« Monsieur l'Archevêque,

» Vos paroles me vont toujours au cœur. Soit que vous rappeliez
» une douleur ineffaçable, soit que vous exprimiez des espérances
» de paix et d'union, vous êtes toujours d'accord avec nos sentimens
» et nos vœux les plus intimes.

» C'est surtout en présence des autels qu'il vous appartient de
» tenir ce pieux langage, car la prière console et fortifie. Elle nous
» apporte d'en haut la résignation et la volonté.

» Quant aux portraits que vous faites de nous avec tant de sen-
» sibilité, nous désirons vivement leur ressembler. Puisse la ville
» de Bordeaux retenir de nous quelques-uns des souvenirs que
» nous emporterons d'elle. »

Le duc et la duchesse de Nemours ont été ensuite conduits processionnellement dans le sanctuaire, où on leur avait disposé des fauteuils et un prie-dieu, et la messe a commencé.

Monseigneur l'archevêque officiait pontificalement.

Le chant solennel de l'*Exaudiat* a terminé cette religieuse cérémonie, après laquelle LL. AA. RR., traversant lentement une double ligne de fidèles avides de contempler leurs traits, sont sortis de là cathédrale aux acclamations de la foule compacte qui remplissait les abords de l'Hôtel-de-Ville.

Une demi-heure après, une députation du conseil municipal de Blaye, composée de MM. Ollières, Bagnard, Lachaux, Neveu et Soyez, a été présentée à LL. AA. RR. par M. le préfet de la Gironde, M. de Lagrange, député de l'arrondissement, et M. Haussmann, sous-préfet de Blaye.

M. Ollières, premier membre du conseil municipal d'après l'ordre d'inscription, a porté la parole au nom de ses collègues et a adressé à Leurs Altesses Royales le discours suivant :

« Monseigneur, Madame,

» Nous venons offrir à Vos Altesses Royales les hommages respectueux de la ville de Blaye. Des voix éloquentes vous ont fait connaître les besoins de la Gironde.... Votre protection leur est acquise.

» Demain vous passerez devant nos murs. En saluant votre passage, nous vous accompagnerons de nos vœux et nous regretterons qu'il ne soit pas entré dans vos desseins de visiter une population dévouée à l'auguste monarque dont la haute sagesse assure le bonheur de la France, et à ses généreux fils, dont le patriotisme garantit la stabilité de nos institutions.

« Madame,

« Associée par la providence aux destinées d'un prince dont la France apprécie l'intelligence et le courage, vous tempérez l'éclat du rang suprême par les graces d'une touchante aménité. Puissent les démonstrations empressées du midi laisser quelques souvenirs dans votre âme ! Puissiez-vous revenir parmi nous! vous retrouverez toujours sur vos pas notre admiration, notre amour et nos vœux. »

Le prince a répondu :

« Je suis vivement touché des sentimens que vous venez de » m'exprimer. Je regrette de ne pas visiter la ville de Blaye, mais » mon séjour dans la Gironde est de trop courte durée pour que » je puisse parcourir, comme je le désirerais, toutes les cités de ce » beau département. Mon affection n'en est pas moins acquise à » leurs populations. Je vous prie de reporter mes paroles à celles » que vous représentez auprès de moi. »

Son Altesse Royale a ensuite entretenu quelques instants les membres de la députation avec beaucoup d'affabilité. Le Prince leur a adressé plusieurs questions et a paru apprendre avec intérêt que la briéveté des distances qui séparent la ville de Blaye de celle de Bordeaux et l'extrême facilité des communications, établissent entre les habitans de ces deux cités, des relations intimes et parfaitement amicales.

A six heures, LL. AA. RR. ont réunis dans un grand diner les personnes suivantes :

M. le préfet, M. le maire, M. de Castelbajac, Mme la baronne Sers, M. le Duc Decazes, Mme la Duchesse Decazes, MM. les consuls de Prusse, d'Autriche, de Hambourg, d'Espagne et des Etats-Unis ; M. de Kolly, directeur des douanes ; M. Tartas, colonel ; M. Damas, président de la Chambre de commerce ; M. Bruno, président du Tribunal de commerce ; Mmes Damas et Devez ; M. Abria, professeur ; M. Mabit, M. l'abbé Roux, MM. les préfets de la Dordogne et de la Charente ; M. Grivel, directeur des Domaines ; M. le maire d'Angoulême ; M. Doré, directeur des contributions directes ; M. Augis, inspecteur des postes ; M. Ruelle, directeur des contributions indirectes ; M. et Mme de Bastard ; MM. Siau, Deschamps et Doazan, ingénieurs ; M. et Mme Roullet ; sept officiers de la maison du duc de Nemours et trois officiers du poste de l'Hôtel-de-Ville.

Journée du 11 août.

Ainsi que cela avait été indiqué dans le programme des excursions que devaient faire LL. AA. RR. pendant leur séjour à Bordeaux, Mgr le duc de Nemours et Mgr le duc d'Aumale se sont rendus le 11 à la Pointe-de-Graves. Un bateau à vapeur, le *Duc d'Orléans*, renommé pour l'élégance de ses emménagemens et l'excellence de sa marche, avait été mis à la disposition de LL. AA. par la Compagnie de navigation du bas de la rivière. Ce bateau, richement pavoisé de drapeaux et de feuillages, était orné à l'intérieur avec un luxe plein d'élégance et de bon goût ; de belles tentures de velours rouge-brun tapissaient les chambres, que semblaient multiplier des glaces qui se perdaient dans les plis des tentures, et que des lampes richement incrustées devaient éclairer au retour.

A huit heures et demie, LL. AA. RR. étant montées à bord, l'ordre du départ fut donné. On remarquait parmi les invités, au nombre de quarante environ, MM. Gautier, adjoint du maire ; Sers, préfet de la Gironde ; Wustenberg, député de Bordeaux ; de Lassalle, député de Lesparre ; de La Grange, député de Blaye ; Decazes, grand-référendaire de la Chambre des Pairs ; Guestier, pair de France ; de Castelbajac, lieutenant-général ; Hurault de Sorbée, maréchal-de-camp ; de Gajac, colonel d'état-major ; Jamain, lieutenant-colonel d'état-major ; Damas, président de la Chambre de commerce ; Bruno-Devès, président du Tribunal de commerce, Delbos, Castéja, le docteur Mabit, etc.— La musique de l'artillerie de la garde nationale faisait aussi partie de l'escorte.

Une foule considérable s'était rendue sur le quai ; vis-à-vis le débarcadère des bateaux du bas de la rivière, pour assister à l'embarquement et au départ. A peine le navire eut-il quitté le ponton auquel il était amarré, que de vives acclamations se firent entendre. Les marins du *Luxor*, debout sur les vergues, répondaient par leurs cris à ceux du rivage, et déjà le *Duc d'Orléans* ayant pris son aire, traçait dans la rade un profond sillage, salué à droite et à gauche par les triples hourras des navires de toutes les nations.

En passant devant les ateliers de construction de MM. Bichon et Chaigneau, situés au pied du splendide et verdoyant amphithéâtre de Lormont, le steamer fut accueilli par une explosion de vivats appuyés d'une vigoureuse décharge d'artillerie. Ce fut alors comme un bruyant signal qui retentit d'un bout du fleuve à l'autre, car bientôt après, à mesure que le navire glissait majestueusement sur les flots, la grande voix du canon précédait partout sa marche, allant de village en village, de bourgade en bourgade, annoncer la nouvelle de sa présence, que les échos des deux rives semblaient se renvoyer à l'envi.

A la hauteur de Montferrand, M. Wustenberg s'approcha de M. le duc de Nemours, qui, la carte de la Gironde sous les yeux, se faisait expliquer par M. Deschamps, ingénieur en chef du département, et par deux officiers supérieurs du génie, les meilleurs moyens d'améliorer les passes et de fortifier l'entrée du fleuve. « Monseigneur, lui dit-il, je vous demande pardon de venir troubler d'aussi graves préoccupations, mais je ne crois pas devoir vous laisser passer devant Montferrand sans vous faire remarquer la maison qu'habitait Henri Fonfrède.» A ces mots le prince se leva brusquement, et tournant avec un vif sentiment d'intérêt ses regards vers le point du rivage qui lui était indiqué, il remercia M. Wustenberg, et ajouta : «Le département de la Gironde a raison

d'être fier d'avoir donné naissance à M. Henri Fonfrède. M. Henri
Fonfrède est un de ces hommes qui honorent leur pays. Ce n'était
pas seulement un écrivain d'un grand talent, c'était encore un noble
caractère et un grand citoyen. »

Les princes se sont également fait montrer la maison de campagne de M. Peyronnet, l'ex-ministre.

En face de La Roque, le bateau à vapeur le *Comte-d'Erlon*,
venant de Nantes, magnifiquement pavoisé, a salué LL. AA. RR. de
son artillerie. On ne rencontrait pas un navire, pas une barque, pas
une nacelle, sans qu'aussitôt les matelots et les passagers, debout
et découverts, ne fissent entendre les cris de *vive le Roi !* cris
spontanés qui partaient de cœurs vraiment sincères. Souvent des
bateaux portant les maires et les notabilités de diverses localités,
venaient longer le steamer et saluer LL. AA. RR., qui répondaient
de leur mieux à tous ces témoignages d'affection.

A onze heures, un magnifique déjeuner fut servi par les ordres
du prince. Puis vinrent et le café les cigarres. Pendant le déjeuner, la musique de l'artillerie avait fait entendre diverses symphonies. S. A. R. se rendit au milieu des musiciens, et les remercia en
termes les plus affables et les plus affectueux d'avoir bien voulu
se joindre à son escorte.

En passant devant Blaye, la citadelle salua le passage des princes,
qui, une longue-vue à la main, en étudièrent long-tems la position
et la configuration.

A Pauillac, un magnifique arc-de-triomphe avait été dressé sur
le ponton : le maire était placé en avant, suivi d'une population qui
couvrait les quais et témoignait, par ses acclamations, de ses vives
sympathies ; les fenêtres de toutes les maisons étaient pavoisées de
drapeaux tricolores. La cloche sonnait à toute volée. Pauillac offrait
ainsi l'aspect le plus brillant, le plus animé, et fixait en ce moment
tous les regards des princes et des passagers.

A deux heures et demie, le *Duc d'Orléans* jeta l'ancre sur la
rade du Verdon. Un canot portant le pavillon royal vint prendre
LL. AA. RR. pour les déposer sur la plage, où se trouvaient réunies près de trois mille personnes accourues de tous les points de
la côte : tous les habitans de Lesparre et des localités environnantes,
les conseils municipaux des diverses communes de l'arrondissement, toutes les notabilités du pays, les habitans des Landes,

montés sur de hautes échasses, des dames, des jeunes gens, venus à cheval, en voiture, de plus de quinze lieues.

'LL. AA. RR. et tous les passagers du bateau mirent pied à terre sur un embarcadère construit à cette intention, et conduisant à une tente dressée sur le rivage, sous laquelle les attendaient les autorités du pays, ayant à leur tête M. Bonhore, sous-préfet de Lesparre. Un fort détachement de douaniers sous les armes formait la double haie.

M. Laumond, maire de Lesparre, adressa aux Princes l'allocution suivante :

« Princes !

« Les habitans de la ville de Lesparre ont vivement regretté que l'économie d'un temps que vous savez si bien utiliser à l'étude des besoins des populations, ne vous ait pas permis de passer dans leurs murs pour arriver à ce rivage.

» Néanmoins, ingénieux à se dédommager, ils y sont accourus en foule pour jouir de votre présence. Je suis heureux d'être auprès de vous l'organe de leur dévouement respectueux et sincère.

» Sans doute, c'est chose bien vulgaire que la simplicité de l'accueil que vous trouvez sur ces bords ; mais nous aimons à penser que vous tiendrez compte de la spontanéité et de la cordialité de notre empressement.

» La visite dont vous honorez ces lieux excite, à plus d'un titre, notre satisfaction et notre reconnaissance.

» Comme Français, nous devons les sentimens les plus généreux à tous les membres d'une dynastie qui comprend si bien les intérêts du pays.

» Comme habitants du Bas-Médoc, nous leur devons plus encore s'il est possible ; car depuis 1830, cette contrée a été l'objet d'une sollicitude particulière de la part du gouvernement, soit par ses routes, soit par la classification de ses ports sur le beau fleuve que vous venez de parcourir, soit enfin par les travaux immenses sur lesquels vous allez jeter un regard protecteur, et qui, joints aux améliorations d'ailleurs justement attendues, seront la vie, la fortune de la Gironde, et en particulier de cette contrée.

» Princes ! souffrez que ces considérations se mêlent à la joie de vous voir au milieu de nous : elles en sont inséparables; car le roi, votre auguste père et sa glorieuse famille, apprennent chaque jour à la France qu'espérance et réalité accompagnent partout leurs pas !

» Et lorsque vous reviendrez auprès de Sa Majesté, daignez lui dire que même, sur ces sables arides, vous avez trouvé des cœurs sympathiques et chaleureux.

» Dites-lui aussi, et agréez vous-même nos vœux de longévité, de santé et de bonheur pour elle et pour sa famille. »

Après M. Laumond, M. Cellerier, juge au tribunal de Lesparre, en l'absence de M. le président empêché pour cause de maladie, s'est exprimé en ces termes :

« Princes,

» Les magistrats de l'arrondissement de Lesparre ont l'honneur de vous offrir l'hommage respectueux de leur profond dévoûment; mais ce n'est pas seulement pour remplir un devoir de haute convenance que nous venons, princes, saluer votre passage au milieu de nous ; nous sommes heureux, surtout, de l'occasion qui nous est offerte de vous dire, à la fois comme citoyens et comme magistrats, notre vive affection pour le Roi, notre ardente sympathie pour les membres de l'illustre et noble famille que la nation a placée sur le trône et à qui elle a remis avec confiance le soin de sa gloire et de son bonheur. Accomplissez votre belle et glorieuse destinée, nobles fils de France ! Princes élus de la liberté ! nos vœux les plus chers vous accompagnent. Si vous parcouriez ces contrées, partout d'unanimes et sincères acclamations vous témoigneraient les mêmes sentimens. Permettez, princes, que le tribunal de Lesparre en soit ici l'interprète et accordez-lui l'insigne honneur d'en déposer l'expression à vos pieds. »

Monseigneur le duc de Nemours a remercié en quelques paroles pleines d'affabilité, MM. les membres du tribunal de Lesparre.

M. le sous-préfet de Lesparre adressa également aux princes une allocution à laquelle S. A. R. Mgr. le duc de Nemours répondit avec courtoisie ; puis, LL. AA. RR. examinèrent les chantiers si admirablement disposés par M. Périer, ingénieur, et se dirigèrent vers le théâtre des travaux de défense et de la jetée. LL. AA. RR. assistèrent à la mise d'un bloc de béton sur un wagon ; puis, au jet d'un autre bloc à la mer, et se rendirent ensuite sur la plage, où elles examinèrent avec le plus grand soin les trois derniers épis en voie de construction. LL. AA. RR. témoignèrent à plusieurs reprises, à M. Deschamps et à M. Périer, toute leur satisfaction pour la manière habile dont ces travaux avaient été conçus, et sur les heureux résultats qu'ils avaient déjà produits. Dans cette promenade au bord de la mer, une foule considérable suivait LL. AA. RR.; on remarquait parmi les curieux un grand nombre de dames élégamment vêtues, qui avaient quitté les bains de mer de Royan pour venir assister à la visite des princes.

En ce moment le ciel, qui avait été constamment fort beau depuis le départ de Bordeaux, commença à se couvrir de gros nuages. On

10

se hâta de retourner à bord. A peine LL. AA. RR. mettaient-elles le pied sur le bateau à vapeur, qu'une pluie battante vint à tomber. LL. AA. RR. avaient mis dans leurs projets de prendre la mer et d'aller passer le plus près possible du superbe phare de Cordouan, qui surgit du milieu de la mer comme un orgueilleux géant, afin d'en examiner les majestueux contours, mais le mauvais temps déran- gea tout-à-coup ces dispositions, et l'embarquement opéré, on mit directement le cap sur Bordeaux. Il était environ cinq heures.

Le matin, c'était le bruit du canon qui avait précédé le bateau sur les deux rives ; le soir, ce fut l'éclat des flammes. A peine le *Duc d'Orléans* fut-il à la hauteur de Richard, que bientôt les côtes du Médoc et de la Saintonge s'illuminèrent. Des barils de goudron enflammés placés sur le rivage et sur les points culminans de l'in- térieur, jetèrent au ciel leurs vives lueurs ; peu à peu les feux se propagèrent au loin ; les maisons et les villages assis sur le bord des eaux furent soudainement illuminés ; la plupart des châteaux du Médoc ceignirent leurs fronts d'une double couronne d'éclatans lampions, et de nombreuses fusées portèrent dans la nue leurs étoiles aux mille couleurs.

Entre tous, Gironville, appartenant à M. Duffour-Dubergier, maire de Bordeaux, se fit distinguer, car de sa hauteur s'élevaient des fusées qui semblaient lutter avec celles qu'on envoyait de Pauil- lac et de divers points de la côte.

La nuit arrivait à grand pas. En passant devant Pauillac, le spec- tacle le plus admirable vint s'offrir à nos yeux. Comment dépein- dre ce tableau si étrange et si pittoresque ? Il faudrait pour cela la plume des conteurs arabes. Toutes les maisons, depuis la base jus- qu'au faîte, étaient littéralement couvertes et tapissées de lampions. Pas un rebord, pas une saillie, pas une corniche, pas un coin de pierre ou de charpente qui n'eut sa ligne de feux vacillans ; c'était à se croire dans le royaume des gnomes ou des farfadets. Tous ces édifices ruisselants de lumières ressemblaient au palais enchanté de quelque fée bien bonne et bien magnifique. On eut dit, à voir l'agitation extrême de ces milliers de petites langues de feu, se tordant en tous les sens, qu'elles chantaient quelque cantique d'al- légresse dont il était impossible à nous autres, pauvres mortels, de percevoir les sons harmonieux.

Les yeux éblouis se portaient de Pauillac, qui semblait une ville de feu, au Pâté de Blaye, dont le sommet était illuminé d'une triple rangée de lampions ; puis, vers Blaye qui avait établi sur toute la longueur des ouvrages avancés de la citadelle, une ligne immense d'éclatantes lumières. Et, lorsque du milieu de là couronne étincelante du Pâté, qui semblait suspendue magiquement sur les flots, partaient d'immenses bouquets d'artifice qui incendiaient la nue, toutes-ces flammes de la terre et du ciel, réflétées dans les eaux admirablement calmes du fleuve, offraient à l'œil étonné un spectacle inexprimable.

C'est au milieu de toutes ces féeries disposées sur les deux rives par l'enthousiasme des populations, que le bateau à vapeur le *Duc d'Orléans* fit son entrée dans la rade de Bordeaux, et vint reprendre son mouillage à dix heures et demie du soir, après avoir fait trois heures de station sur la côte du Verdon, et accompli une traversée de quarante-huit lieues marines.

Ce voyage laissera de profonds et doux souvenirs dans le cœur de tous ceux qui y ont participé. LL. AA. RR. ne l'oublieront pas de long-temps; les fils du Roi ont paru trop vivement impressionnés des manifestations dont ils ont été l'objet, ils ont trop souvent exprimé le bonheur qu'ils en éprouvaient, pour que cette excursion ne demeure pas toujours gravée dans leur esprit. Ce sont là de ces émotions qui s'inscrivent profondément dans le cœur, de ces souvenirs qui ne meurent pas.

D'un autre côté, les invités n'oublieront pas avec quelle intelligente sollicitude LL. AA. RR. se sont préoccupées, pendant la plus grande partie de la traversée, de tout ce qui peut contribuer à l'amélioration des contrées qu'ils traversaient, à l'indépendance de notre territoire, au bien-être du pays et à sa sécurité. Ils conserveront eux aussi, toujours dans leur mémoire, les manières affables de S. A. R. Mgr le duc de Nemours, le spirituel entrain de S. A. R. Mgr le duc d'Aumale, si plein de sens et de haute convenance, tous les deux dignes enfans de celui qui, depuis quinze années, gouverne la France avec tant de courage, de sagesse et d'habileté.

Avant de quitter le bord, S. A. R. Mgr le duc de Nemours a prié M. le préfet de vouloir bien adresser une lettre à ses subordonnés des arrondissemens de Lesparre et de Blaye, pour qu'ils soient, auprès des populations qu'ils administrent, les interprètes de tous ses sentimens de reconnaissance et de gratitude. S. A. R. a également

adressé à tous les invités des paroles pleines d'effusion et de grace,
et a félicité particulièrement M. Gélot, directeur de la compagnie des
bateaux à vapeur, auquel il a remis une riche tabatière.

Le retour ayant eu lieu beaucoup plus tôt qu'on ne l'avait prévu,
LL. AA. RR. ne trouvèrent pas sur le quai leurs voitures qui avaient
reçu l'ordre de ne se rendre qu'à onze heures. Elles se disposaient à
faire à pied le trajet de l'embarcadère au palais de l'Hôtel-de-Ville,
lorsqu'un fiacre vint à passer. LL. AA. RR. y montèrent. Une foule
nombreuse entourait en ce moment LL. AA. RR., qui furent saluées,
au départ du fiacre, par de chaleureux cris de : Vive le Roi!

Pendant cette même journée, Mme la duchesse de Nemours est
sortie à trois heures du palais, en calèche découverte, accompagnée
de Mme la comtesse d'Oraison, sa dame d'honneur. M. le maire de
Bordeaux et M. le lieutenant-général Boyer ont pris place sur le
devant de la voiture, qui s'est dirigée jusqu'à la cale des bateaux à
vapeur, où S. A. R. s'est embarquée pour aller faire une promenade
au Bec-d'Ambès. Les dames d'honneur qui, au bal du commerce, se
trouvaient dans la tribune réservée à S. A. R., l'ont reçue à bord
du bateau à vapeur et l'ont accompagnée.

S. A. R. était de retour au palais à six heures du soir.

M. Rives, capitaine du port, assistait à l'embarquement et au
débarquement de S. A. R. Mme la duchesse de Nemours.

Au retour de son excursion, la princesse a convié à sa table M. le
Maire, Mme la comtesse d'Oraison, M. le lieutenant-général Boyer,
et trois officiers du poste de l'Hôtel-de-Ville.

Journée du 13 Août.

Dès cinq heures du matin, une foule considérable, rassemblée
sur la place de la Comédie, se disputait les voitures qui condui-
saient à Saint-Médard et au camp. Ces voitures-omnibus ne pouvant
suffire au désir des amateurs, de nombreux piétons n'avaient pas
craint d'affronter la poussière et les fatigues d'une pénible marche
dans le sable, pour se trouver à l'arrivée des Princes et de la Princesse, et assister à l'ouverture des grandes manœuvres qui devaient
avoir lieu à onze heures.

Un grand nombre de dames en toilettes élégantes, dans des calèches découvertes, d'autres à cheval, en costume d'amazone, galo-

paient à travers les champs, au milieu des tourbillons de poussière soulevés par les cavaliers ; les membres du Jockey-Club, les commerçans, les paysans, tous ceux, en un mot, qui avaient pu se procurer des moyens quelconques de locomotion.

A neuf heures, LL. AA. RR. M. le duc et Madame la duchesse de Nemours sont partis du palais de l'Hôtel-de-Ville, pour le camp, accompagnés de M. le maire, de M. le préfet, de M. de Castelbajac, de M. Hurault de Sorbée, de M. de Lassalle, etc. LL. AA. RR. étaient escortées par un piquet de la garde nationale à cheval.

Les maisons, les pavillons et les kiosques des habitations de campagnes qui bordent la route, étaient pavoisés et garnis de spectateurs qui attendaient LL. AA. RR. dès sept heures du matin. Les dames, qui occupaient les premiers rangs dans ces élégans pavillons, jetaient des fleurs au passage du cortège et agitaient leurs mouchoirs, en criant : *Vive le prince ! Vive la princesse !* LL. AA. RR. se sont arrêtées à plusieurs reprises, et ont répondu gracieusement aux ovations dont elles étaient l'objet.

Arrivées sur le pont jeté sur un large ruisseau appellé la Jalle, et à peu de distance du quartier des lanciers, LL. AA. RR ont été reçues par M. Delmestre, maire de Saint-Médard, à la tête du conseil municipal.

Une députation de jeunes filles est également venue offrir des fleurs à Mme la duchesse, qui les a reçues avec une gracieuse affabilité.

A dix heures, M. le duc d'Aumale a quitté le château de Belfort, entouré d'un brillant état-major, pour venir à la rencontre de son frère.

Les deux princes sont immédiatement montés à cheval, et se sont rendus au champ de manœuvres, où ils ont passé la revue de toutes les troupes d'infanterie et de cavalerie, au nombre de onze mille hommes, placées sous le commandement de Monseigneur le duc d'Aumale, et qui avaient été établies sur deux lignes. Une foule immense entourait le camp, et contemplait avec admiration ce spectacle imposant, tout nouveau pour nos contrées.

LL. AA. RR. Mgr le duc d'Aumale, Mgr. le duc et Mme la duchesse de Nemours, ont parcouru les rangs. — Après la revue qui a duré près de deux heures, le défilé a commencé, et les troupes se sont dirigées vers l'immense étendue de terrain affectée à leur campement, où le public s'est empressé de les suivre.

Nous n'entreprendrons point la description du camp : elle est assez connue. Pendant plus d'un mois notre population n'a pas cessé tous les jours de se porter en foule vers cette ville de toile improvisée presque à nos portes. Tout le monde a pu jouir du coup-d'œil pittoresque que présentait ce gracieux assemblage de tentes, de guérites, de pavillons, dressés et tenus partout avec un ordre et une régularité vraiment admirables.

Le défilé terminé, LL. AA. RR. se sont dirigées vers le château de Belfort, où un splendide déjeuner les attendait. — Le château de Belfort est tout simplement une fort jolie *villa* ou maison de campagne moderne, composé d'un rez-de-chaussée d'environ 35 mètres de longueur, et d'un premier étage élevé dans le milieu et percé de trois croisées. Une très-belle cour couverte de gazon conduit de la grille extérieure au pavillon qui se dresse devant la porte d'entrée. A droite et à gauche de cette cour, sont les bâtimens d'exploitation.

Après le déjeuner, auquel assistaient les personnages qui avaient accompagné LL. AA. RR., des pairs, des députés, des notabilités civiles et militaires, Madame la duchesse de Nemours est revenue à Bordeaux.

Les deux princes sont allés ensuite visiter le camp de cavalerie; mais une pluie aussi forte que subite les a forcés de se réfugier dans la tente de M. le duc d'Aumale. Plus de trente mille personnes se jetaient alors également dans les établissemens publics ou s'abritaient sous les arbres ; mais ni cette pluie torrentielle, ni la chaleur suffocante qui lui a succédé, n'ont pu ralentir un seul instant la curiosité des visiteurs. La lande et les sentiers en étaient encombrés. C'est à peine si l'on a eu assez de place dans les champs voisins pour remiser les voitures, où les chevaux sont restés attelés jusqu'au soir sans foin ni avoine. — Quelques heures de plus et le village eût été affamé.

LL. AA. RR. ayant été obligées par le mauvais temps d'abandonner leur inspection, sont rentrées au château de Belfort où elles sont remontées en voiture. A six heures et demie, les deux Princes étaient de retour à l'Hôtel-de-Ville. Ils ont immédiatement gagné leurs appartemens.

Madame la duchesse avait ce jour-là réuni à sa table M. le général Boyer, M. le commandant Borel de Brétizel, deux officiers d'ordonnance et trois des officiers faisant le service des postes militaires de l'Hôtel-de-Ville.

Journée du 13 Août.

Dans la matinée, LL. AA. RR. Monseigneur le duc et Mme la duchesse de Nemours ont reçu en audience particulière M. Coudert, doyen des journalistes de notre ville, et archiviste de la Société d'horticulture de la Gironde.

M. Coudert a eu l'honneur d'offrir à Mme la duchesse, un bouquet et une corbeille composés des plantes les plus rares qu'il cultive dans ses serres ; parmi les plus curieuses fleurs, on remarquait une orchidée de la plus belle venue, qui n'avait pas encore fleuri, et à laquelle M. Coudert a été heureux de pouvoir donner le nom de S. A. R. Mme la duchesse. LL. AA. RR. ont paru très-sensibles à cette marque d'attention.

LL. AA. RR. ont bien voulu assurer à M. Coudert qu'elles consentaient très-volontiers à prendre la Société d'horticulture de la Gironde sous leur auguste patronage, et qu'elles se feraient un plaisir d'assister à la distribution des prix du mois de septembre.

Cette protection élevée contribuera à asseoir désormais la Société d'horticulture de la Gironde sur des bases solides, et témoigne de l'intérêt que S. A. R. Monseigneur le duc et Madame la duchesse de Nemours attachent au progrès de la science horticole.

Quelques instants après, S. A. R. a reçu les administrateurs de la caisse d'épargnes de Bordeaux, ayant à leur tête M. Maillères, président.

M. Maillères a dit au Prince :

« Monseigneur,

» Les directeurs de la caisse d'épargnes de Bordeaux, eux aussi, étaient jaloux de vous dire qu'ils sont respectueusement dévoués au Roi et à ses augustes fils, et qu'ils sont heureux d'être accueillis par vous. La caisse d'épargnes de Bordeaux est la seconde par son ancienneté et son importance. V. A. R. apprendra avec plaisir que la loi nouvelle s'exécute et qu'elle ne contrarie pas la prospérité toujours croissante de l'utile établissement que nous dirigeons.

» Notre caisse d'épargnes compte 15,700 déposants; elle possède au trésor royal 14 millions 1[2, elle est dotée de 9,000 de rente 5 p. o[o; le terme moyen de ses dépôts est de 920 fr. : ses déposants sont des militaires, des marins, des employés, des mineurs, des ouvriers, des domestiques et 71 sociétés de secours mutuels.

» Le Prince, votre illustre frère, lorsqu'il passa parmi nous de trop rapides jours, donna 100 livrets aux élèves les plus estimés de nos écoles gratuites ; 49 les ont régulièrement conservés, et 13 d'entr'eux n'ont plus qu'un franc chacun, mais ils ne veulent pas se séparer du livret de leur bienfaiteur ».

Le prince a été entièrement satisfait des beaux résultats obtenus par la caisse d'épargnes de Bordeaux. S. A. R. a interrogé M. Maillères sur leurs causes réelles, et en a félicité les administrateurs, exprimant combien tout ce qui concerne le bien-être du peuple l'intéresse et l'émeut.

S. A. R. a engagé les administrateurs à propager cet esprit d'économie et d'épargne, qui est aussi l'esprit d'ordre et de travail.

Immédiatement après cette réception, Monseigneur le duc et Madame la duchesse de Nemours, auxquels s'était réuni Monseigneur le duc d'Aumale, se dirigèrent en calèche découverte vers le Collége Royal, dont ils devaient présider la distribution des prix. LL. AA. RR. étaient précédées et suivies d'un escadron de la garde nationale à cheval.

Dès le matin, dix heures, les portes du Collége étaient obstruées par la foule, mais grace aux mesures sagement adoptées, l'entrée s'est faite dans le plus grand ordre ; et bien que la grande cour de l'établissement fût entièrement pleine, il n'y a pas eu la moindre confusion. Cette cour était simplement, mais très-bien ornée. Une large tente la couvrait tout entière. Des guirlandes en feuilles de chêne vert serpentaient le long des murs tapissés par les dessins des élèves, et une estrade adossée à une riche draperie s'élevait à l'une des extrémités. Cette estrade, recouverte de tapis somptueux, était destinée à recevoir LL. AA. RR., ainsi que leur suite et les professeurs du Collége et des Facultés.

A sa droite et à sa gauche, s'élevait un double amphithéâtre affecté, le premier aux élèves internes, le second aux externes. Entre les deux amphithéâtres et aux pieds de l'estrade royale, on avait placé des fauteuils pour les autorités et les fonctionnaires publics ; le reste de la cour était occupé par douze cents chaises mises à la disposition des autres invités et particulièrement des dames.

Une large allée ménagée entre les places réservées et cette dernière partie, de la cour, rendait la circulation libre et facile. Les
piliers des galeries qui règnent autour de la cour avaient été ornés
de guirlandes de feuillage. Au fond de l'estrade, sur un fût de
colonne tronquée, reposait le buste de S. M. Louis-Philippe Ier,
entouré de faisceaux de drapeaux tricolores. Au-dessus se trouvaient
trois écussons, sur lesquels on lisait: Vive le Roi! Vivent les
Princes! Vive la duchesse de Nemours!

Avant midi, l'assemblée était au grand complet. M. le premier
président de la cour royale, M. le procureur-général, M. le duc
Decazes, M. Ducos, député, Mgr l'archevêque et quelques-uns de
ses grands-vicaires, M. Gautier, adjoint, plusieurs membres de la
cour et du tribunal civil, M. le général Castelbajac, M. Hurault de
Sorbée avaient pris place aux principaux rangs.

A midi, LL. AA. RR. arrivèrent aux portes du Collége, où elles
furent reçues par le recteur, accompagné des inspecteurs de l'académie, des doyens des facultés, du directeur de l'école de médecine,
du proviseur, de l'aumônier, et par une députation de deux élèves
par chaque classe, choisis parmi les lauréats.

M. le Proviseur adressa alors à LL. AA. RR. l'allocution suivante:

« Messeigneurs,

» Vous avez daigné répondre à nos vœux; vous n'avez point voulu
que votre présence manquât au bonheur comme à l'éclat de cette fête
universitaire. Réunis par le sentiment commun d'une profonde reconnaissance, nous venons en offrir l'hommage respectueux aux Princes qui
nous apportent cette haute faveur destinée à former dans la vie de nos
élèves, comme dans la nôtre, une époque trop chère pour ne pas rester
ineffaçable.

» Ici, Messeigneurs, comme dans toute cette grande cité si justement
fière de posséder les fils du Roi, vous ne trouverez que des cœurs
dévoués. Si nos modestes fonctions encouragées par un gouvernement
protecteur, n'en ont pas moins quelquefois leur côté pénible, elles nous
offrent aussi de précieuses compensations; et c'en est une dont nous
connaissons tout le prix, Messeigneurs, d'apprendre à la jeunesse qui nous
entoure à bénir un règne fécond en bienfaits; un monarque donné par
la providence, comme une autre providence, et dont le nom a déjà sa
place marquée à côté de ceux qui vivent dans l'amour des peuples; une
famille auguste où la patrie, confiante dans son avenir, voit toutes ses
espérances placées en quelque sorte sous le tutélaire abri des vertus les
plus saintes et les plus vénérées.

11

» Avec vous, Messeigneurs, une princesse qui nous fait de plus en plus chérir le lien d'adoption qui l'attache à la France, daigne] venir encourager de jeunes talents, sourire à leurs premiers triomphes : avec quelle ivresse les vainqueurs offriront à leurs familles émues, des couronnes obtenues sous ses yeux ! Heureuses victoires que de tels auspices rendront plus heureuses encore, préparées à l'ombre de la discipline et de la paix, consacrées et bénies par la religion, et qui en élevant les âmes, n'y laissent que des sentimens nobles et généreux auxquels se joint le culte de la patrie ! Et de glorieuses leçons, Messeigneurs, ont appris à ces jeunes émules quel tribut un pareil culte réclame, quels dévouements il sait inspirer. Ils ne l'oublieront jamais dans les diverses positions où les appellent leurs destinées, ceux d'entre eux surtout que la patrie comptera un jour dans les rangs de ses défenseurs et qui auront, pour enflammer leur courage, tout ce qui parle à des cœurs français ; les grands exemples qu'ils recueillent à chaque page de notre histoire, et ceux qu'ils trouvent aujourd'hui sur les degrés du trône ».

Le prince répondit : « qu'il était extrêmement sensible aux
» sentiments que M. le proviseur venait de si bien lui exprimer ;
» qu'il était heureux de donner cette marque de sympathie au Col-
» lége royal de Bordeaux, et qu'il s'associait vivement au triomphe
» des élèves et à la joie de leurs parents, qui lui rappelaient une
» époque de sa vie toujours chère à son cœur ».

LL. AA. RR. firent ensuite leur entrée dans la salle de distribution, au milieu des acclamations les plus bruyantes et au son de la musique organisée par les élèves.

LL. AA. RR. prirent place sur les fauteuils qui leur avaient été réservés sur le devant de l'estrade, ayant immédiatement derrière elles les personnes de leur suite, après lesquelles venaient MM. les professeurs du Collége et les membres des diverses Facultés, en robe d'apparat.

M. le recteur de l'Académie prit alors la parole et prononça le discours suivant, qui parut faire une vive impression sur l'assemblée et fut accueilli par des marques unanimes d'approbation :

« Messeigneurs,

» Les peuples grandissent et se perpétuent glorieusement par une active coopération aux œuvres de l'intelligence et aux grands intérêts de l'humanité. Les générations qui passent lèguent aux générations qui s'avancent des projets et des espérances que le temps ne leur a pas permis de réaliser, et les excitent à continuer dignement des œuvres souvent commencées

au prix des plus grands sacrifices. C'est pour cela sans doute que les
fêtes de la jeunesse furent toujours des fêtes publiques. C'est pour cela,
Messeigneurs, qu'appréciateurs éclairés du rôle glorieux imposé à la
France dans le mouvement général des esprits et le travail intellectuel des
peuples, vous avez voulu, en daignant prendre place parmi nous, donner
à d'utiles dévouements un précieux témoignage de vos augustes sympathies, et montrer à cette jeunesse, objet de tant de sollicitude et d'espérances, par quels efforts et à quel prix l'homme, dans toutes les positions
de la vie, peut s'élever avec ses devoirs et ne jamais fléchir sous le poids
des obligations qui lui sont imposées.

» Daignez, Messeigneurs, accueillir le public et respectueux hommage
de notre profonde gratitude. Votre présence dans cette solennité témoigne
hautement d'un intérêt qui fait aujourd'hui notre honneur et fera toujours
notre force.

» Combien aussi, Madame, dans ce jour consacré aux douces émotions de
la famille, vous avez ajouté à notre reconnaissance en nous permettant de
placer, sous le plus noble, le plus pur et le plus gracieux patronage, ces
modestes et paisibles couronnes dont une auguste mère, la première par
les vertus comme par le rang, ne dédaigne pas d'orner sa royale demeure.

» Heureuse l'Université qui a su conquérir de si hautes sympathies !
heureuse surtout lorsqu'elle vient sans crainte confier à la religion des
souvenirs ses actes, son enseignement, ses doctrines, et qu'elle peut avec
un légitime orgueil montrer sa plus belle parure dans une génération de
princes tous élevés par elle et pour la France, tous si dignes d'unir étroitement leur nom aux destinées d'un grand peuple !

» Puissent nos leçons, Messeigneurs, fructifier au cœur de cette jeunesse, et lui inspirer les fortes vertus, le patriotisme éclairé dont l'exemple
leur est donné de si haut ! Nos efforts pour réaliser ce vœu sont le plus
bel hommage qu'il nous soit donné d'offrir à ce roi sage et magnanime
dont le génie, s'élevant au-dessus des orages populaires, a si bien compris les besoins et si habilement dominé les intérêts de son siècle, et à qui
peuvent être si justement appliquées ces belles paroles du poète divin de
l'antiquité : Tout ce qu'il cachait dans le sanctuaire de son cœur, il le fit
éclater à la lumière du soleil, sous la forme de grandes et utiles actions. »

Après ce discours, souvent interrompu par les applaudissemens,
M. Zeller, professeur d'histoire, prit à son tour la parole, et dans un
large tableau esquissé à grands traits, peignit les diverses phases
parcourues par les Lettres, depuis les temps les plus reculés jusqu'à nos jours. Il montra leur influence dans les différentes périodes
de la vie des nations, et indiquant comment la civilisation progres-
sait avec l'agrandissement de cette influence, il arriva jusqu'à nos

jours, et rattacha fort habilement l'action du Roi sur son époque à ce tableau.

Après ce discours, qui fut également couvert par les bravos de toute l'assemblée, commença l'appel nominal des lauréats.

Quelques jours auparavant, Monseigneur le duc de Nemours avait fait remettre à M. le proviseur du Collége une caisse de livres, aussi remarquables par la richesse de la reliure que par le choix des ouvrages, destinés à ceux des élèves qui auraient mérité les prix d'honneur.

Mgr le duc et Madame la duchesse de Nemours et Mgr le duc d'Aumale couronnèrent plusieurs de ces jeunes lauréats, auxquels ils adressèrent leurs félicitations et leurs encouragements. Parmi ces derniers on a remarqué le jeune Youssouf Ben-Youdas, de Tlemcen, couronné par S. A. R. le duc d'Aumale. Le prince le retint long-tems sur l'estrade, en lui adressant diverses questions sur le lieu de sa naissance, sur sa famille, etc. Le prince apprit du jeune Youssouf, qu'il avait perdu ses parents dans la retraite de Tlemcen et qu'il avait été recueilli et conduit en France par M. l'évêque d'Alger. Monseigneur le duc d'Aumale a paru prendre un bien vif intérêt à ce récit, et le jeune orphelin en se retirant a pu emporter l'assurance qu'il venait de gagner un nouveau et puissant protecteur.

A une heure et demie LL. AA. RR. se retirèrent. Avant leur départ, un de Messieurs les professeurs donna lecture de l'arrêté du Conseil universitaire qui fixe au 6 octobre prochain la rentrée des classes; puis il ajouta que, sur la demande de S. A. R. Mgr le duc de Nemours, une dépêche télégraphique venait d'annoncer que l'ouverture des classes étaient renvoyée au 20 octobre. On se doute bien de l'effet que dut produire cette agréable surprise. Les cris de : vive le duc de Nemours ! firent spontanément explosion. LL. AA. RR. rirent beaucoup de cet enthousiasme sincère, mais toutefois un peu intéressé, et se retirèrent en adressant de nouvelles félicitations à MM. les professeurs.

Pendant ces deux heures si bien employées, et qui ont fait tant d'heureux, un excellent orchestre, composé et dirigé par les élèves seuls, a exécuté plusieurs morceaux de musique. En se retirant, chacun exprimait son admiration pour l'ordre et la parfaite convenance qui avaient présidé à cette cérémonie.

Après avoir reconduit la princesse au Palais, Monseigneur le duc de Nemours s'est rendu à l'Hôpital militaire de Caudéran, où il a été reçu solennellement par le chef et les directeurs de cet établissement.

Le prince a successivement parcouru toutes les salles et s'est enquis, avec une remarquable sollicitude, des besoins et des ressources de cette maison. Il s'est approché du lit de plusieurs malades, auxquels il a adressé de touchantes paroles de consolation, et a voulu s'assurer par lui-même de la bonté des vivres qui leur sont destinés. — A quatre heures, Monseigneur le duc de Nemours, suivi des bénédictions de tous ces malheureux, est sorti de l'Hôpital et est revenu à l'Hôtel-de-Ville.

Le soir, LL. AA. RR. ont invité à leur table : Mgr l'archevêque, M. Martial, grand-vicaire, M. de La Seiglière, procureur-général, M. de Castelbajac, M. Hurault de Sorbée, M. le Maire, M. Avignon, recteur de l'Académie, M. Zeller, professeur au Collége Royal, M. Payol, officier de marine, MM. Dupérier de Larsan et Castéjà, membres du Conseil-Général, MM. Larreguy et Darricau, sous-intendants militaires, M. Guillemard, chirurgien principal à l'Hôpital militaire, M. Fonvielhe, commandant la garde nationale, M. Larrocque-Latour, capitaine commandant le dépôt de remonte, M. de La Barge, chef d'escadron, MM. les généraux Perrot, Tallandier et de Chabannes, M. Poissignon, colonel au 14e léger, M. Dutheuillet, lieutenant-colonel au 40e de ligne, M. Sainte-Croix, colonel au 45e, M. Joepfelle, lieutenant-colonel au 65e, M. Dangelle, colonel au 72e, M. Partonneau, colonel au 1er lanciers, M. Builferit, colonel au 1er chasseurs, M. Descrivieux, colonel au 13e chasseurs, M. Yver, chef d'escadron d'artillerie, M. le comte de Polignac, six officiers de la maison de Son Altesse Royale le duc de Nemours, quatre officiers de la maison du duc d'Aumale, et quatre officiers du poste de l'Hôtel-de-Ville.

Journées des 14, 15, 16, 17 et 18 Août.

Le départ de LL. AA. RR. avait été fixé pour le 14; mais Mgr le duc de Nemours désirant prendre quelques jours de repos, l'a fait ajourner jusqu'au lundi, 18 courant. Cette nouvelle a été aussitôt transmise par le télégraphe à Mont-de-Marsan et à Bayonne, où le Prince et la Princesse devaient se rendre en quittant notre ville.

Pendant cette prolongation de séjour, LL. AA. RR. ont dîné tous les jours dans leurs appartemens particuliers. — La table ordinaire a continué de réunir les officiers de leur maison et les officiers du poste de l'Hôtel-de-Ville.

Le 15, jour de l'Assomption, Madame la duchesse de Nemours est sortie en voiture à dix heures et demie du matin, pour se rendre à la Cathédrale. S. A. R. n'avait voulu aucune escorte; elle était accompagnée simplement de M. le lieutenant-général Boyer, de M. Borel de Brétizel et de M. le Maire; ces trois messieurs en habit de ville.

S. A. R. a été reçue à la porte Saint-André par le clergé, ayant à sa tête MM. de Langalerie, secrétaire-général de l'Archevêché, et Martial, vicaire-général, et conduite dans le chœur, où Mgr l'Archevêque l'attendait, selon le rite, sur son siège épiscopal.

L'orchestre de la Société philomatique, au grand complet, a exécuté la belle messe de Cherubini, dite du Sacre. Mgr l'archevêque officiait, assisté de son nombreux clergé.

A quatre heures et demie, la Princesse est retournée à Saint-André, où elle a assisté à la bénédiction du Saint-Sacrement.

Dans la matinée, S. A. R. Monseigneur le duc de Nemours avait entendu la messe dans la chapelle du château, où elle avait été dite par M. l'abbé Martial.

Quoique dans ces derniers jours les instants de Mme la duchesse se soient presque tous écoulés auprès du Prince, elle a trouvé le temps néanmoins de faire plusieurs excursions aux environs de Bordeaux. S. A. R. s'est rendue successivement au Bouscat, pour visiter une des propriétés de M. Duffour-Dubergier, et sur la côte de Floirac, d'où elle a pu jouir du magnifique panorama de la ville et du port, qui s'y déroule dans toute son éblouissante majesté. — Partout, sur son passage, S. A. R. a recueilli l'expression unanime de l'attachement de nos populations pour la famille Royale.

Le samedi au soir, 16 août, S. A. R. Mgr le duc d'Aumale, arrivé à trois heures de l'après-midi du camp de Saint-Médard, a dîné avec LL. AA. RR. Mgr et Mme la duchesse de Nemours, dans leurs appartemens particuliers.

Enfin le 18 août étant arrivé et Mgr le duc de Nemours se trouvant parfaitement remis de ses fatigues, le Prince et la Princesse ont quitté notre ville, pour se rendre aux Pyrénées et de là en Espagne.

A huit heures, le corps municipal avait été introduit dans le grand salon. Sont arrivés successivement : le lieutenant-général, commandant la division ; le maréchal-de-camp, commandant le département ; le maréchal-de-camp , commandant le département de la Dordogne ; les officiers d'état-major de la division ; M. le préfet et le Conseil de préfecture ; M. le premier président ; M. le procureur-général ; le président de la Chambre de commerce ; celui du Tribunal de commerce ; M. le receveur-général ; et toutes les notabilités civiles et militaires.

Quelques instans après, M. le duc de Nemours et Mme la duchesse sont entrés dans le salon avec leurs officiers.

LL. AA. RR. ont témoigné aux autorités municipales leur vive satisfaction de l'accueil cordial qu'elles ont reçu et des sympathies dont elles ont été l'objet durant leur séjour dans notre ville ; elles ont remercié avec effusion les chefs de la garde nationale et surtout le commandant de la garde d'honneur qui a montré tant d'empressement, tant de zèle dans son service. Puis le prince a ajouté : « Ce » n'est point un adieu que nous vous faisons ; nous reviendrons » bientôt au milieu de vous jouir de nouveau de votre touchant et » si bienveillant accueil. »

Après ces paroles dites avec une grande sensibilité et qui ont vivement impressionné tous les auditeurs, on s'est rendu sous le péristyle où les voitures de voyage attendaient. Celle de LL. AA. RR. était attelée de six magnifiques chevaux blancs montés par des postillons en veste et pantalon avec liserés rouges et galons d'argent, les trois couleurs au bras gauche et au chapeau.

Les postes de la troupe de ligne et de la garde avaient pris les armes. Les deux légions, l'artillerie de la garde nationale et le corps des pompiers avaient été commandés pour faire la haie du palais à la sortie de la ville. Mais le prince devant revenir dans les premiers jours du mois prochain, a voulu sortir sans éclat, avec simplicité : cette prise d'armes a donc été contremandée. La population seule était rangée sur deux rangs. LL. AA. RR. ont pu, une fois de plus, apprécier les sentimens qui l'animent.

A huit heures et demie, les voitures sont parties, escortées par un détachement de la garde nationale à cheval jusques au Moulin-d'Ars, limite extrême de la ville sur la route de Bayonne.

Les officiers de la garde nationale à cheval attendaient là Leurs

Altesses Royales, qui ont fait aussitôt arrêter leurs voitures pour
remercier ces Messieurs de leur attention.

LL. AA. RR., accompagnées de M. le préfet du département, et
de M. le lieutenant-général commandant la division, ont ensuite
repris leur voyage aux cris de Vive le Roi ! Sur toutes les routes
qu'elles ont parcourues, les populations empressées avaient quitté
leur travail pour venir contempler les traits du Prince et de sa
jeune épouse.

A Villenave, un intéressant épisode a signalé leur passage.
M. l'abbé Buchou, directeur de l'Œuvre des jeunes orphelins, avait
fait placer devant son établissement qui borde la grande route, un
enfant debout sur chacun des six piliers, ayant à la main un ins-
trument aratoire. Cet art de parler aux yeux a vivement impressionné le prince qui a répondu par des gestes expressifs aux
réclamations bruyantes de la jeune colonie, abritée sous le drapeau
et sous des guirlandes de verdure. Un magnifique bouquet de fleurs
naturelles, le plan lithographié de la colonie et un petit compliment
avaient été préparés pour LL. AA. RR., mais la rapidité des voitures
n'a pas permis de remplir sur le lieu même cette partie du programme de la fête champêtre. Grand eût été le désapointement des
orphelins, sans la présence d'esprit de M. l'abbé Buchou, qui avait
placé un enfant sur un vigoureux cheval, afin de remettre au besoin
à LL. AA. RR. le cadeau que ses jeunes camarades avaient préparé
avec tant de plaisir. Notre petit écuyer a donc piqué hardiment
son Bucéphale, s'est élancé d'un bond à la portière de la voiture, et
a déposé entre les mains de M. le duc de Nemours les objets qui
lui étaient destinés. Il a ensuite galoppé à la portière de la voiture
jusqu'au premier relai, où S. A. R. l'a entretenu avec affabilité et
lui a dit : « Assurez M. l'abbé Buchou de tout l'intérêt que je porte
» à son établissement que je n'ai pas connu à Bordeaux, mais
» dites-lui que je l'en dédommagerai un peu plus tard. »

Au premier relai du Bouscaut où les attendaient le maire de la
commune de Cadaujac, à la tête du conseil municipal et de la garde
nationale, une jeune enfant a présenté à la Princesse une corbeille
remplie de fleurs dans laquelle avaient été placés des vers char-
mans.

Après avoir ainsi traversé l'espace qui s'étend de Bordeaux à
Castres, au milieu d'une population avide et enthousiaste, Monsei-

gneur et Madame la Duchesse de Nemours se sont arrêtés sur le territoire de la commune de Portets, au lieu du Grand-Abord ; là, se trouvaient réunis, pour les recevoir, M. le maire, le Conseil municipal, de nombreux militaires retraités et décorés, et une compagnie de la garde nationale.

Sous des guirlandes de lauriers et d'immortelles, à l'ombre de drapeaux tricolores, au sein d'une population animée, M. Latapy, maire de Portets, a prononcé le discours suivant :

« Monseigneur, Madame,

» Interprète des sentimens dont sont animés pour Vos Altesses Royales les bons et laborieux habitans de la commune de Portets que vous traversez actuellement, je viens vous offrir l'hommage de leur profond respect, et vous dire combien ils sont attachés aux institutions de Juillet.

» Naguère un prince, votre illustre frère, si digne de notre amour et de nos sympathies, et si fatalement enlevé depuis à sa royale famille et à la France, visitant le département de la Gironde et s'enquérant comme vous, Monseigneur, des besoins de nos localités, nous fit l'honneur de mettre pied-à-terre dans ce modeste village ; notre population entière conservera longtemps le souvenir de cette gracieuse faveur.

» Aujourd'hui, comme alors, Monseigneur, nous saluons de nos acclamations le valeureux Prince et son auguste compagne que le Roi, dans son incessante sollicitude pour son peuple, nous envoie.

» Nous faisons des vœux bien sincères, Prince, pour votre bonheur ; que Dieu vous conserve longtemps pour la prospérité de la France !

» Madame, permettez à ces jeunes personnes, accourues spontanément de notre campagne, sur votre passage, de vous offrir les fleurs qu'elles viennent de cueillir, et qui sont de leur part le gage de leur amour et de leur respectueux dévouement pour Votre Altesse Royale.

» Vive le Roi ! vive le duc de Nemours ! vive la Princesse ! »

Monseigneur le Duc de Nemours a répondu en termes flatteurs au discours de M. le maire, avec une grace et une affabilité qui ont enchanté les nombreuses personnes qui étaient venues, même de l'autre rive, pour échanger leurs vivats contre un regard de LL. AA.

Un essaim de jeunes filles, vêtues en blanc, soutenant des guirlandes de lauriers et de fleurs, entourait la voiture de LL. AA. ; deux d'entr'elles ont fait hommage d'une corbeille des fleurs les plus rares à Mme la Duchesse, qui les a reçues avec une touchante bonté.

12

A l'arrivée et au départ de LL. AA. RR., la garde nationale a fait entendre une décharge de mousqueterie.

Les mêmes ovations se sont renouvelées à Podensac.

Dès le matin, une foule considérable accourue des communes voisines, se pressait sur la place publique, où un arc-de-triomphe décoré des couleurs nationales, avait été élégamment dressé. On lisait sur le fronton : Vive le Roi ! Vive la famille royale ! — Au balcon de la Mairie et sur un piédestal on remarquait le buste de S. M., entouré de drapeaux et de couronnes. Une cavalcade assez nombreuse était allé à la rencontre du prince, à la limite de la commune.

A 9 heures 3[4, M. le baron Sers, préfet de la Gironde, qui précédait de quelques minutes leurs Altesses Royales, annonça leur prochaine arrivée ; et bientôt, au signal donné, les marins qui avaient fourni l'artillerie, annoncèrent par 21 coups de canon, que le prince était entré dans la commune.

La première voiture dans laquelle étaient Monseigneur le duc et Madame la duchesse de Nemours, s'arrêta sous l'arc-de-triomphe où étaient placées les autorités municipales et judiciaires. S. A. R. donna ordre d'ouvrir la portière de sa voiture et descendit, entouré des diverses autorités, qui l'accueillirent par mille acclamations.

M. le Maire s'exprima ainsi :

« Monseigneur,

» Organe du corps municipal de Podensac, chef-lieu de ce canton, je viens avec bonheur vous présenter ses hommages respectueux, et remercier Votre Altesse Royale des quelques instans qu'elle vient nous accorder.

» Dans le chef-lieu de ce département, vous avez entendu le langage des grands intérêts commerciaux de nos contrées.

» Daignez permettre qu'à notre tour nous fassions connaître à Votre Altesse Royale la situation particulière de ce canton.

» Ici, Monseigneur, comme il vous est facile d'en juger, nous ne pouvons cultiver que la vigne.

» Cette spécialité de notre sol a dirigé tous les efforts de notre intelligence et de notre travail vers le perfectionnement de cette culture, et nous sommes arrivés, dans la production des vins blancs, à un degré de qualité qui a fait longtemps la richesse de ce pays.

» Aujourd'hui, le canton de Podensac, producteur des premiers vins blancs, est le plus malheureux entre les malheureuses contrées vinicoles.

» Ce sont les tarifs prohibitifs et les impôts indirects ; pesant exclusivement sur les produits de la vigne, qui nous rendent pauvres au milieu de ces élémens de richesse.

» Pardonnez-nous, Monseigneur, de chercher par le tableau sincère de notre situation, à exciter en vous un intérêt dont nous avons tant de besoin !

» Croyez et veuillez bien assurer au Roi, votre auguste père, que rien, pas même l'excès du malheur, ne saurait altérer dans nos populations le patriotisme qui les anime, et leur dévouement pour sa personne et sa dynastie.

» Monseigneur et Madame, nous sommes heureux de vous voir parcourir nos contrées avec cette bienveillante sollicitude qui recherche le bien à faire, et de saluer en vous les précurseurs des améliorations que nous sollicitons du gouvernement du Roi.

» Vive le duc de Nemours ! Vive la duchesse de Nemours ! Vive le Roi !

Voici à peu près la réponse du prince :

« Monsieur le maire,

» Je vous remercie des sentimens que vous venez de m'exprimer
» au nom du conseil municipal de votre commune. Je suis heureux
» de trouver dans vos populations ce dévouement au Roi et à sa
» dynastie. Je m'intéresserai de grand cœur aux besoins que vous
» venez de m'exprimer. Je vous promets de présenter au Roi vos
» doléances. Je ferai en outre tout ce qui dépendra de moi pour
» solliciter de la prudence de son gouvernement les améliorations
» que vous venez de me demander. »

M. le juge-de-paix prit alors la parole, et dans un discours empreint de conviction, témoigna de son dévouement à la Famille Royale.

Le Prince répondit à M. le juge-de-paix des paroles affectueuses, empreintes du caractère le plus élevé.

M. le curé Recoules vint ensuite et s'exprima en ces termes :

« Monseigneur,

» Celui par qui règnent les rois ne dédaigne pas les hommages des petits et des pauvres ; il semble même qu'il les préfère à ceux des grands et des riches : ainsi fait le bon prince qui est l'image de Dieu sur la terre. Plus sa position le rapproche de celui qui peut tout, plus il ambitionne d'en imiter la bonté, d'en représenter la providence. Il ne tient pas à lui que toute misère ne soit adoucie, que toute infortune ne soit soulagée : il ne connaît d'autre bonheur que celui de faire des heureux.

» C'est à un prince de ce caractère que la population de cette paroisse s'empresse d'offrir, par l'organe de son pasteur, l'hommage de son respect et de son dévouement, Cet hommage est sincère, Monseigneur, car c'est Dieu qui le prescrit comme un devoir, c'est lui qui veut qu'on honore les princes et qu'on les aime. L'expression de ces sentimens ne peut que recevoir un accueil bienveillant de la part de V. A. R., puisqu'elle daigne nous accorder un de ses précieux momens. »

Le prince répondit :

« Je vous remercie, Monsieur le Curé, des sentimens que vous
» venez de m'exprimer pour le Roi et la famille Royale, et je vous
» demande la continuation de vos prières. Dirigez toujours dans la
» voie de la morale et de la religion vos paroissiens, dont vous venez
» de me faire un si agréable tableau. »

En ce moment, un vieil invalide, décoré de la Légion-d'Honneur, et qui a eu, à la bataille de Fleurus, les deux bras emportés par un boulet de canon, se présenta au Prince pour lui renouveler sa demande d'une bourse dans un collège royal pour le plus jeune de ses fils.

Le Prince, après s'être fait rendre compte de la position particulière de ce brave, débris des armées républicaines, s'entretint avec lui de l'objet de sa demande et lui donna, avec des espérances, des marques réelles de sa générosité.

M. le duc de Nemours causa ensuite avec le commandant de la garde nationale et lui témoigna ses regrets de n'avoir pu passer ses troupes en revue.

Pendant la cérémonie, de jeunes filles élégamment vêtues présentèrent des fleurs et un compliment à Mme la duchesse de Nemours, qui les accueillit avec sa grace et son amabilité habituelles.

A leur départ, LL. AA. RR. se sont vues saluer par les plus bruyantes manifestations d'enthousiasme.

La commune de Preignac, située à quelque distance de là, sur la route, a eu aussi son jour de fête.

Rien de plus simple et de meilleur goût à la fois que les préparatifs faits pour honorer une visite dont on était heureux et fier.

Une allée improvisée de pins d'une grande hauteur, formait une pittoresque avenue à un élégant pavillon placé en face de l'église ; des festons de verdure, des drapeaux aux trois couleurs, se balançaient au-dessus d'une foule nombreuse accourue pour saluer les

hôtes illustres qu'on attendait. Vis-à-vis le pavillon s'élevait un
arc-de-triomphe où l'on voyait écrit ces mots populaires :

Vive le roi des Français !

Vivent le duc et la duchesse de Nemours !

Des pampres et des raisins enlaçaient cette patriotique inscription : ingénieuse allégorie, qui montre, en effet, l'inébranlable
attachement à la dynastie de Juillet des fidèles populations giron-
dines, malgré les souffrances toujours croissantes de leur unique
industrie !

A onze heures, des détonations d'artillerie et le son des cloches
ont annoncé l'arrivée de LL. AA. RR.; un long cri de : Vive le Roi !
parti spontanément du sein de la population et répété avec enthousiasme par la garde nationale, a accueilli les augustes visiteurs.

LL. AA. RR. sont descendues de voiture en face du pavillon et
ont été reçues par M. Rideau, maire de la commune, à la tête de
son conseil municipal, et par M. Ouelly, curé de Preignac, accompagné de deux ecclésiastiques.

Voici le discours de M. Rideau :

      « Monseigneur, Madame,

» Les habitans de la commune de Preignac, dont je me félicite d'être
l'organe, sont heureux de vous présenter l'expression de leur respect et
de leur dévouement.

» L'enthousiasme que les populations laissent éclater sur votre passage,
est une preuve de l'attachement du pays pour la dynastie à qui la France
a confié le dépôt de ses institutions.

» Votre sollicitude à vous enquérir des besoins des contrées que vous
venez visiter, nous attache davantage, s'il est possible, au trône du Roi,
votre auguste père : elle nous donne la confiance que vous voudrez bien
vous associer aux intérêts de nos communes, dont la prospérité laisse beaucoup à désirer, à cause des forts droits qui frappent leurs produits, soit à
l'intérieur, soit à l'extérieur.

» Nous vous prions, Monseigneur, d'être notre interprète auprès du
Roi, et de lui faire connaître nos vœux, nos espérances et notre inaltérable dévouement à toute la famille Royale.

» Et vous, Madame, permettez-nous de vous dire qu'en puisant dans
votre cœur les nobles sentimens qui vous distinguent, et en suivant l'exemple de notre vénérable Reine, modèle de toutes les vertus, vous acqué-
rez tous les jours de nouveaux droits à la reconnaissance de la France qui
s'enorgueillit de vous avoir adoptée. »

Ce discours, qui peint si fidèlement les sentimens de cette contrée dévouée, a été écouté avec beaucoup d'attention par le prince, qui a répondu : « Combien il était ému de l'empressement et des » marques d'affection qui l'entouraient, et dont il n'avait pas lieu » d'être surpris de la part des habitans de Preignac ; qu'il n'oublie- » rait point cet accueil, et qu'il ferait les plus grands efforts pour » que leurs légitimes intérêts fussent pris en considération sérieuse » auprès du gouvernement du Roi, son père, dans la balance des » intérêts généraux du pays. »

M. le curé a ensuite complimenté le Prince avec l'onction et la sincérité qui distinguent ce digne ecclésiastique, et a reçu de la part de S. A. R. une réponse toute bienveillante.

Madame la Duchesse a, de son côté, reçu les hommages de vingt-cinq jeunes demoiselles vêtues de blanc ; elle a accueilli cette charmante députation avec une grace infinie. C'est la fille de M. le maire qui lui a présenté des fleurs et l'a complimentée en ces termes :

« Madame,

» Ce jour où vous daignez consacrer quelques instans à recevoir nos humbles hommages, comptera parmi les plus beaux jours de notre vie. Nous conserverons à jamais dans nos cœurs le précieux souvenir d'avoir pu exprimer à V. A. R. les sentimens de respect et d'amour que nous éprouvons tous, pour l'auguste et digne fille de notre vertueuse Reine.

» En acceptant notre modeste offrande, agréez, Madame, les vœux sincères que nous formons pour votre bonheur et celui du noble prince, votre époux, que les acclamations des peuples saluent avec tant d'unanimité. »

Mme la duchesse a accepté les fleurs qui lui étaient offertes et a répondu en termes pleins d'affection aux paroles qui venaient de lui être adressées.

Sur l'invitation de M. le curé, LL. AA. RR. sont ensuite entrées dans l'église, suivies des personnes qui avaient pris place sous le pavillon.

Aussitôt, et par un élan tout spontané, le *Domine salvum fac regem* a été entonné par le clergé et les assistans ; à ce chant parti du cœur, le prince et la princesse se sont agenouillés, et une vive émotion a gagné tous les témoins de cette scène à la fois solennelle et touchante.

Puis, S. A. R. a passé entre les deux rangs de la garde nationale formant environ 250 hommes bien armés, sous les ordres de M. V. Daney, commandant.

Plusieurs fois elle a adressé des remercîmens et des félicitations aux gardes nationaux qui la saluaient de leurs vives acclamations. Ensuite LL. AA. RR. sont remontées en voiture, escortées par plusieurs jeunes gens de la commune, ayant à leur tête M. Guittot de Suduiraut, capitaine de la garde nationale, qui les ont accompagnées jusqu'à la limite de la commune.

Des danses et des jeux publics ont rempli le reste de cette heureuse journée, dont Preignac gardera un bien doux souvenir.

Quelques instants plus tard LL. AA. RR. ont été reçues à Langon, par une affluence énorme de population. De mémoire d'homme, il ne s'était vu tant de monde dans cette petite ville. Une tente avait été dressée sur la place située près du pont et de l'église, pour recevoir le prince et la princesse, qui n'y sont parvenues qu'avec la plus grande peine. C'est là que les attendaient M. Marcotté, sous-préfet de Bazas, M. le maire de Langon, le clergé et toutes les dames notables de la ville.

M. le maire s'est exprimé en ces termes :

« Prince,

» Votre présence dans nos murs est un vrai jour de fête : nous sommes heureux de contempler en vous la haute sagesse du Roi, votre auguste père, et sa constante sollicitude pour le bonheur de la France, pour ses prospérités et ses gloires.

» La nation qui a su apprécier tout ce qu'il y a de noble et d'élevé dans votre âme, vous a rendu un éclatant témoignage en vous confiant un berceau sur qui repose l'avenir de la France. Vos conseils le préserveront de tout écueil; et votre épée, qui rayonna sur le sol africain, le défendrait, s'il était besoin, des ennemis du dehors.

» Prince ! on a dit que le silence des peuples était la leçon des rois. Sur tout votre passage, vous et votre auguste épouse, que le malheur bénit comme une autre providence, avez pu vous convaincre, par la spontanéité des sentiments, par les acclamations de joie qui vous ont accueillis, que la France a placé, dans votre royale famille, ses affections, son dévouement et ses espérances.

» Le tribut de respect et de reconnaissance que vous avez recueilli partout où vous vous êtes montrés, je viens le déposer à vos pieds au nom de

la population Langonaise, dont je suis fier d'être le représentant et l'interprète en cet heureux jour. »

Après avoir répondu avec bonté à ces paroles, M. le duc de
Nemours s'est entretenu avec quelques maires du canton sur l'état
des vignobles dans cette contrée.

De son côté, Mme la duchesse de Nemours a été complimentée de
la manière suivante, par Mlle Laure Chevalier, jeune enfant à peine
âgée de dix ans, et petite-fille de M. le maire de Langon :

« Madame,

» Nos parens nous ont appris à mêler aux prières que tous les soirs nous
adressons à Dieu, des vœux sincères pour le bonheur de l'auguste famille
que la France a élevée au rang suprême.

» Nous avons été bien joyeux lorsqu'ils nous ont annoncé que nous
pourrions aujourd'hui même déposer ces vœux aux pieds de V. A. R., car
notre jeune âge nous impose des devoirs que nous avons compris : celui
de perpétuer dans nos contrées le souvenir de votre visite et celui, plus
doux encore, de vous aimer bien longtemps.

» Cette double mission, nous la remplirons avec orgueil, avec bonheur,
comme un héritage précieux qui nous aura été légué par nos pères. Rece-
vez-en l'assurance, et croyez-en notre promesse, Madame, à notre âge
on ne ment pas.

» Daignez aussi, Madame, avec cette touchante bonté qui sur votre passage a ému tous les cœurs, accueillir l'expression de nos vœux ; ils doivent
vous être agréables, car ils sont purs, comme le parfum de ces fleurs que
les jeunes filles de Langon vous offrent par ma voix. »

A Bazas, LL. AA. RR. sont descendues à la sous-préfecture, où
M. Marcotte, sous-préfet, leur a offert à déjeûner.

M. le président Saint-Espés Lescot, à la tête du tribunal et des
juges de paix de l'arrondissement, a complimenté le prince, qui s'est
montré très-sensible aux bons sentimens dont M. le président
s'était fait l'organe. Le maire et le corps municipal sont venus
ensuite offrir leurs hommages à LL. AA. RR., ainsi que les divers
fonctionnaires de l'arrondissement. Mgr le duc de Nemours s'est
entretenu avec eux des ressources et des besoins de la contrée.

LL. AA. RR. ont quitté la sous-préfecture pour visiter la belle
basilique de Bazas, à l'entrée de laquelle elles ont été reçues par
M. le curé, entouré d'un nombreux clergé.

A une heure et demie, le Prince est remonté en voiture pour
continuer sa route vers Mont-de-Marsan, en prenant congé de M. le

préfet de la Gironde, qu'il a chargé de nouveau de remercier, en son nom, les populations qui lui ont fait, durant son voyage, un accueil si gracieux et si empressé.

Journée du 13 Septembre.

C'est dans la soirée du 12 septembre, vers onze heures un quart, que LL. AA. RR. Monseigneur le duc et Madame la duchesse de Nemours sont rentrées à Bordeaux, de retour de leur excursion en Espagne et dans les Pyrénées. Vu l'heure avancée et la fatigue de la route, LL. AA. se sont retirées immédiatement dans leurs apparte-mens.

Le lendemain, 13 septembre, à neuf heures du matin, le Prince et la Princesse ont reçu M. le préfet, M. le maire à la tête du conseil municipal, et les principales autorités civiles et militaires. LL. AA. ont exprimé une vive satisfaction de se retrouver dans nos murs, et se sont entretenues longuement de leur voyage en Espagne avec les personnes qui les entouraient.

Vers dix heures, Mgr le duc d'Aumale est arrivé de Saint-Médard et a été admis auprès de LL. AA. RR. le duc et la duchesse, avec lesquels il est resté jusqu'à midi. — A midi, Mgr le duc d'Aumale est reparti dans une voiture fermée pour le château de La Grave, où il était attendu. Il tombait en ce moment une pluie battante.

Au bout de quelques minutes, le temps s'étant éclairci, Mgr le duc de Nemours a paru sur le perron de la cour du palais, suivi de son état-major, de M. le maire et de M. le préfet. Sur l'invitation de M. le général Boyer, le corps des sapeurs-pompiers, qui avait été admis le matin à présenter un bouquet à Mme la duchesse, s'est rangé en bataille.

Le Prince s'est alors avancé devant le front du bataillon, et dans quelques paroles pleines d'effusion, il s'est vivement associé aux sentiments de douleur qu'ont fait naître dans la population la catas-trophe de la rue Borie, où sept sapeurs-pompiers ont trouvé la mort. — Puis, selon le vœu du Roi, S. A. R. a remis à M. Brun, capitaine du corps, et à M. Perrin, chirurgien-major, la décoration de la Légion-d'Honneur. — Cette scène et les nobles paroles de S. A. R. ont excité les plus vifs transports parmi tous ces braves, et les cris énergi-

13

quement répétés de : *Vive le Roi ! vive le duc de Nemours !* ont long-temps retenti dans la cœur de l'Hôtel-de-Ville.

Il pouvait être alors près d'une heure. Mgr le duc de Nemours est sorti dans sa voiture, précédé d'un détachement de la garde nationale à cheval, et accompagné de M. le maire et de M. le lieutenant-général Boyer. Il s'est dirigé vers les casernes de la rue Ségur et des fossés de l'Hôtel-de-Ville, qu'il a toutes les deux parcourues avec beaucoup d'intérêt. Le prince s'est ensuite rendu sur les deux emplacemens projetés pour l'établissement de la gare du chemin de fer, en commençant par celui de La Bastide, et terminant par celui de Paludate. Dans l'intervalle, S. A. R. a visité le beau chantier de construction de MM. Coureau et Aman.

De là, Mgr le duc de Nemours est revenu sur ses pas et s'est rendu à la caserne Saint-Raphaël, qu'il a également examinée avec la plus grande attention. — Le prince a continué son excursion en visitant la raffinerie de salpêtre, et en dernier lieu la belle filature de coton des Chartrons.

Dans ce dernier établissement dirigé par MM. Joubert et Cayrou, S. A. R. a remarqué une machine très-ingénieuse, au moyen de laquelle une seule ouvrière peut faire par jour jusqu'à 15 jupons en tricot de coton avec des dessins variés. L'un des métiers sur lequel S. A. R. a vu travailler, était à l'exposition générale des produits de l'industrie et avait fixé l'attention du Roi. S. M. avait voulu faire tourner elle-même la manivelle qui met la machine en mouvement.

Dans la soirée, LL. AA. RR. ont invité à dîner un grand nombre de membres du Conseil Municipal ainsi que plusieurs notabilités de la ville, du département et des départemens voisins.

Journée du 14 Septembre.

Une magnifique solennité, véritable fête du peuple, à laquelle LL. AA. RR. ont bien voulu assister, a rempli une partie de cette journée dont les classes pauvres garderont longtems le doux souvenir. Nous voulons parler de la distribution des prix aux élèves des Écoles chrétiennes, pour laquelle M. le maire avait eu l'excellente idée de choisir l'immense emplacement du Jardin-Public.

La pluie, qui dans la matinée semblait vouloir troubler cette fête populaire, a cessé vers midi, et, quelques instans plus tard, de longues files d'enfans arrivaient, de tous les quartiers de la cité, au Jardin-Public, et s'y plaçaient avec ordre, dans la vaste enceinte qui leur avait été réservée. Divisés en deux groupes, ils offraient un ensemble de trois mille cinq cents.

Pour cette cérémonie, le Jardin-Public avait été livré tout entier à la foule, et sur la terrasse qui s'étend de la porte du cours du Jardin-Royal à la porte Bardineau, des enceintes avaient été réservées pour les personnes munies de lettres d'invitation.

Au milieu de la terrasse, s'élevait un élégant pavillon, destiné à recevoir LL. AA. RR. M. le duc et Mme la duchesse de Nemours, ainsi que les principales autorités; on y remarquait M. le grand rabbin, M. Avignon, recteur de l'Académie de Bordeaux, M. le général Hurault de Sorbée, tous les conseillers municipaux, la cour royale, Mmes du corps municipal et les femmes des conseillers à la cour et des principaux fonctionnaires, les membres de la chambre et du tribunal de commerce, ainsi que MM. les députés de la Gironde, etc.

Mgr le duc et Mme la duchesse de Nemours ont pris place sur des fauteuils qui leur étaient préparés sur le devant de la tente. Mme la duchesse avait à son côté Mme d'Oraison; Mgr. le duc de Nemours avait derrière lui M. le général Boyer, MM. Borel de Bretizel et Reille, ses officiers d'ordonnance. Sur la première banquette, à droite du prince, étaient placés M. Duffour-Dubergier, maire de Bordeaux; Mgr Donnet, archevêque de Bordeaux; M. le baron Sers, préfet de la Gironde, pair de France; M. Roullet, premier président de la cour royale; M. le marquis de Castelbajac, lieutenant-général commandant la onzième division militaire, etc. — A gauche, du côté de la princesse, on remarquait Mme Roullet, première présidente, avec sa fille; Mme la baronne Sers, Mme de Bastard, etc.

LL. AA. RR. ont été reçues aux cris mille fois répétés de : *Vive le Roi! vive le duc et la duchesse de Nemours!* Elles ont paru enchantées du magnifique coup-d'œil qu'offraient ces milliers d'enfants, tous vêtus de la même manière, rangés sur des bancs au-dessous de la terrasse.

Les tableaux nombreux de dessin et d'architecture qui couvraient le soubassement du pavillon, et parmi lesquels on remarquait plusieurs études d'animaux, un grand Christ, par Edmond Pourret, de Sainte-Eulalie, diverses vues maritimes, par Léonce Dulas et

Alexandre Pourret, des ornemens par Auguste Calmon, de la même école, deux morceaux très-remarquables par René Baldy et Chemineau, de Saint-Charles, ont été présentés successivement à LL. AA. RR. qui ont exprimé leur vive satisfaction aux dignes instituteurs de ces enfans du peuple.

Les cahiers d'écriture des diverses écoles ont également fixé, pendant quelques instants, leurs regards et mérité leurs bienveillans suffrages. Le Prince a paru distinguer plus spécialement les cahiers des élèves Jean Lagarde, Pierre Belay et Guillaume Lespis, de Saint-Louis; Oscar Feugas, Louis Dulas et Osmin Lalesque, de Sainte-Eulalie; Laffite, de Saint-Bruno; et Darrouch, de Saint-Charles.

Mgr le duc de Nemours a agréé l'hommage d'un dessin au lavis, représentant la cathédrale et l'Hôtel-de-Ville de Bordeaux, fait par Osmin Lalesque, de l'école de Sainte-Eulalie.

Après un chœur, en l'honneur de LL. AA. RR., fort bien chanté par les jeunes élèves de l'école communale, à leur entrée sous la tente, Monsieur le maire a pris la parole, et s'est exprimé en ces termes:

« Prince,

» Agréez, au nom de tous nos enfants et de toutes les mères, mes sincères remerciements pour avoir daigné assister à une aussi touchante cérémonie.

» Votre présence à la distribution des prix du Collége royal avait fait battre de plaisir bien des cœurs; mais aujourd'hui, prince, vous mettez le comble à vos bontés en vous mêlant à tous nos pauvres enfants, en vous associant à leur joie.

» C'est un grand et noble spectacle que de voir les fils de notre Roi placés au milieu des enfans du peuple, exciter leur émulation, récompenser leurs travaux, et prouver ainsi au monde que le progrès de l'instruction est un de leurs vœux les plus ardens, que c'est l'une des précieuses conquêtes de la révolution de juillet à laquelle ils attachent le plus haut prix.

» Loin de chercher sa force dans l'ignorance, le gouvernement de juillet a compris qu'il devait s'appuyer sur la raison et sur les intérêts des masses: il a voulu que chacun fût éclairé sur ses devoirs; il a cherché à faire pénétrer la lumière jusque dans les derniers rangs de la société.

» Cette foi dans la perfectibilité humaine et dans le triomphe de la raison, recevra sa récompense; elle assure au trône de juillet une base inébranlable, car les préjugés n'ont qu'un temps, la raison seule est immuable.

» Et vous, jeunes enfans, vous n'oublierez jamais cette fête où le fils du Roi a voulu vous couronner de ses mains ; vous et vos parens y verrez une preuve de l'amour vrai qu'il porte à toutes les classes de la société, surtout à la classe pauvre , et du désir qu'il a d'améliorer son sort autant qu'il dépend de lui ; vous vous montrerez dignes de sa tendre sollicitude en devenant de bons et utiles citoyens , dévoués à votre pays, à votre Roi.

» Vous, dignes et modestes professeurs, vous trouverez dans cette sympathie royale la récompense méritée de vos efforts et de votre zèle désintéressés.

» Vous tous, enfin, qui êtes ici présens, vous vous joindrez à moi pour proclamer grand, ce Roi qui cherche l'illustration de son règne dans la paix, la propagation des lumières et la glorification du travail, et vous répèterez avec moi, du fond du cœur, ces paroles toutes françaises :

» *Vive le Roi ! vivent les princes !*

Après ce discours , plein de cette haute raison qu'on rencontre toujours dans les paroles de M. le maire, et qui a été vivement applaudi, un très-spirituel dialogue , ayant trait à la circonstance, et dit par les élèves des écoles chrétiennes, a vivement intéressé LL. AA. RR.; on le comprenait du moins au sourire charmant et plein de grace qui errait sur les lèvres de la princesse.

Des chœurs de trois ou quatre cents enfans ont été chantés ensuite par les jeunes élèves avec un ensemble admirable , sous l'habile direction de M. Chatuteau, qui veut bien se charger gratuitement de l'enseignement de la musique dans les écoles chrétiennes.

Monseigneur le duc de Nemours a couronné lui-même tous les élèves qui avaient mérité les prix d'honneur. — S. A. R. a entretenu quelques instans les jeunes lauréats avec une bonté toute particulière , et a remis à chacun d'eux un livret de 100 fr. pour la caisse d'épargne.

Voici les noms de ces jeunes élèves :

Ecole Saint-Charles : René Baldy. — *Ecole Sainte-Eulalie* : Auguste Enault.— *Ecole Saint-Nicolas* : Alphonse Lacadée.— *Ecole Saint-Bruno* : Claude Dondin. — *Ecole Saint-Louis* : Jean Lalanne. — *Ecole Saint-Seurin* : Adrien Delas. — *Ecole du Centre* : Joseph Moutonnet.

Quatre autre élèves ont aussi reçu un livret de cinquante francs. Deux ont été donnés par M. Mathieu, protecteur aussi éclairé que généreux des écoles chrétiennes.

Telle a été cette intéressante solennité, qui popularisera encore davantage, parmi nous, un enseignement si utile et si éminemment civilisateur. En voyant ce grand spectacle, cette immense multitude et ses universelles sympathies pour une aussi admirable institution, nous ne pouvions nous empêcher de remercier M. le maire de l'heureuse idée qu'il avait eue en imaginant une pareille réunion. C'est le plus éclatant, le plus solennel, le plus populaire hommage que les Frères des écoles chrétiennes aient reçu de la reconnaissance publique, et la présence de LL. AA. RR. a été la plus belle récompense de leurs travaux.

A l'issue de la distribution des prix, LL. AA. RR. se sont rendues à l'institution des Sourds-muets, où elles ont été reçues par les membres de la commission consultative, le directeur et tous les fonctionnaires de cette institution si utile, encore présents à Bordeaux. LL. AA. étaient accompagnées de Mme la comtesse d'Oraison, M. le marquis de Castelbajac, Mgr l'Archevêque, M. Sers, M. Duffour-Dubergier et M. le général Boyer, aide-de-camp du prince; M. Maillères, président de la commission consultative près l'Institution, a adressé aux nobles visiteurs le discours suivant :

« Monseigneur,

» C'est avec bonheur que la commission consultative et le directeur de cette institution royale vous voient renouveler, par votre présence dans ces lieux, la faveur qu'ils reçurent il y a quelques années de la part d'un grand et aimable prince dont la mémoire, vénérée de tous, est particulièrement précieuse pour les Bordelais.

Puisque vous daignez accorder quelques instans à nos jeunes sourds-muets qui vous attendaient avec une si vive et si légitime impatience , veuillez permettre, Monseigneur, que M. le directeur ait l'honneur de présenter à V. A. R. Mesdames les religieuses de Nevers, les professeurs et les élèves que V. A. R. comble de joie : ils y trouveront, les uns et les autres, un inestimable encouragement pour l'accomplissement de leurs devoirs.

L'honorable M. Valade-Gabel , dont la direction paternelle a imprimé à l'école une impulsion si heureuse et multiplié ses progrès, a pris ensuite la parole en ces termes :

« Prince, Madame la duchesse,

» Cette maison royale reçoit aujourd'hui, comme elle reçut il y a peu d'années, un glorieux témoignage de sympathies dont elle gardera toujours un souvenir religieux.

» L'inépuisable bonté du Roi et de la Reine est profondément gravée au cœur de nos jeunes élèves : ils savent à combien d'entre eux la munificence de Leurs Majestés assure le bienfait de l'éducation.

» Ainsi l'active bienfaisance du vertueux duc de Penthièvre, restée traditionnelle dans votre auguste famille, protège visiblement encore l'œuvre sainte du génie de l'abbé de l'Epée.

» Les dignes sœurs de Nevers qui chaque jour prennent à nos travaux une part doublement utile; les professeurs pleins de zèle et le respectable aumônier, qui s'efforcent d'en faire grandir la réputation, les autres fonctionnaires et moi, Prince, nous vous prions de porter au pied du trône le tribut de respect et de profonde gratitude que nous déposons devant vos Altesses Royales. »

LL. AA. RR. ont été conduites ensuite dans la grande salle d'études, où les élèves les ont accueillies avec des marques de la joie la plus profonde.

Les sourds-muets et les sourdes-muettes leur ont aussi adressé des discours pour leur témoigner le bonheur que leur faisait éprouver leur présence au milieu d'eux.

Voici le discours des sourds-muets :

« Monseigneur, Madame,

» Vous daignez jeter un regard de bonté sur nous. Nos cœurs en sont remplis de joie et de reconnaissance.

Merci, prince ! Vous ressemblez au Roi qui nous fait instruire. Veuillez lui dire notre respect et notre amour.

» Nous frémissions de crainte et d'orgueil en apprenant votre courage et les dangers qui vous entouraient.

Que le Seigneur vous couvre de son aile quand vous marchez, intrépide, contre les ennemis de la France !

Le discours des sourdes-muettes était ainsi conçu :

« Monseigneur, Madame,

» Notre bonheur est grand ! vous êtes au milieu de nous. Nos cœurs vous attendaient avec impatience : votre présence les comble de joie.

» Chaque jour nous adressons au Très-Haut des vœux ardens pour la conservation du bon Roi qui nous fait instruire et qui donne à la France une paix heureuse et florissante.

» O les plus aimés des princes ! nous n'oublierons jamais les bienfaits du Roi et l'honneur que vous nous faites aujourd'hui. »

Mgr le duc de Nemours a pris le plus vif intérêt à suivre la traduction mimique des deux discours, faite par les élèves avec une intelligence et une rapidité extraordinaires, qui justifient la devise *Linguæ vicaria manus* ; et témoignent des soins donnés aux élèves et des progrès qu'ils ont faits sous leur habile directeur. Tout le monde admirait la grace de Mme la duchesse qui a causé avec la supérieure des dignes sœurs de Nevers, avec une affabilité noble et touchante.

Aussi cette excursion marquera-t-elle longtems dans les souvenirs reconnaissans de tous les élèves, dont le dévoûment et les bénédictions sont à jamais acquis au Roi qui les protège, et à ses dignes fils qui daignent les visiter.

En sortant de l'Institution royale des Sourds-muets où leur présence avait causé une si vive sensation, LL. AA. RR. se sont rendues sur l'hippodrome du Bouscat, où des courses brillantes avaient été organisées.

En l'honneur de la présence des princes, la Société d'encouragement pour l'amélioration de la race chevaline, avait décidé de donner de nouvelles courses : elle avait offert un prix de 3,000 fr. pour chevaux et jumens de trois ans (un tour et une distance), en partie liée.

A ce prix et à celui de la ville de Bordeaux, de 2,000 fr., Mgr le duc de Nemours avait daigné ajouter un troisième prix de 1,500 fr. (un seul tour et une seule épreuve.)

Ces prix ont été disputés en présence d'une foule immense.

A trois heures et demie, Mgr le duc et Mme la duchesse de Nemours sont arrivés et ont été reçus par les membres du comité de la Société d'encouragement.

M. Bélus Mareilhac, sur la gracieuse invitation du prince, a eu l'honneur de donner le bras à Madame la duchesse, et de la conduire aux places réservées pour Leurs Altesses et leur suite.

Les courses ont alors commencé immédiatement. En voici le résultat :

PRIX DE 1,500 FRANCS OFFERT PAR S. A. R. MONSEIGNEUR LE DUC DE NEMOURS.

1 tour (2 kilom.) en une seule épreuve.

Folly, à M. Middleditch, est arrivé première en 2 m. 25 s.
Pompéia, à M. Dartigaux, est arrivé deuxième en 2 m. 25 s.
Girondin, à M. T. Régis, est arrivé troisième en 2 m. 28 s.

Satisfaction, à M. Senmartin, est arrivé quatrième en 2 m. 45 s.
Rachel, à M. Franck Cutler, est arrivé cinquième en 2 m. 50 s.
Zabulon, Fretillon et *Tinker* avaient été retirés.

PRIX DE 2,000 FR. OFFERT PAR LA VILLE DE BORDEAUX.
1 *tour (2 kilom.) en une seule épreuve.*

Folly, à M. Middleditch est arrivé première en 2 m. 29 s. 45.
Zabulon, à M. Lafon-Féline, est arrivé deuxième en 2 m. 30 s. 2/5.
Loto, Satisfaction, Prospero, Girondin, Tinker, Rachel et *Pompéia* avaient été retirés.

PRIX DE 3,000 FR. DE LA SOCIÉTÉ D'ENCOURAGEMENT.
1 *tour et une distance (2,400 m.) en partie liée.*

A la première épreuve :
Hurdler, à M. Cutler, est arrivé premier en 2 m. 43 s. 1/5.
Loto, à M. Chabrier du Gol, est arrivé deuxième en 2 m. 44 s.
Bai-Brune, à M. Lafon-Féline, est arrivé troisième en 2 m. 49 s.
Tinker junior, à M. de Lassalle, est arrivé quatrième en 2 m. 50 s.
Girondin, à M. T. Régis, est arrivé cinquième.

Folly avait été retirée. A la seconde épreuve, *Girondin* et *Bai-Brune* ne se sont pas présentés, et *Hurdler, Loto* et *Tinker* se sont seuls présentés au poteau :
Hurdler, à M. Cutler, est arrivé premier en 2 m. 44 s.
Loto, à M. Chabrier du Gol, est arrivé deuxième en 2 m. 50 s.
Tinker junior, à M. de Lassalle, est arrivé troisième en 2 m. 50 s.

Hurdler a été en conséquence proclamé vainqueur. Ce résultat a grandement surpris les amateurs ; *Loto,* le fameux *Loto,* était en effet le cheval favori de la journée ; on ne trouvait pas dans les tribunes à parier contre lui. *Hurdler* a vaillamment soutenu dans cette circonstance l'honneur des écuries bordelaises.

Quant à *Folly,* sa double victoire n'a étonné personne ; il y a long-temps, en effet, que cette charmante et excellente jument est classée en premier ordre sur les hippodromes du Midi.

Pendant tout la durée de la fête, la musique de l'artillerie de la garde nationale a fait entendre des symphonies.

LL. AA. RR. se sont retirées fort satisfaites des résultats obtenus par les *sportsmen* du département, et elles se sont longuement entretenues à ce sujet avec quelques uns d'entre eux.

14

Les mêmes acclamations qui avaient accueilli leur arrivée ont salué leur départ.

A six heures et demie, un grand dîner a eu lieu au palais de l'Hôtel-de-Ville, auquel les princes avaient convié quelques unes des autorités et des notabilités de Bordeaux.

LL. AA. RR. Mgr le duc et Mme la duchesse de Nemours et Mgr le duc d'Aumale, se sont ensuite rendus au Grand-Théâtre. Par ordre, on jouait les *Plaideurs* et le *Roi d'Yvetot*. Le péristile intérieur était, comme la première fois, décoré pour cette circonstance d'une multitude de fleurs et de plantes. Un immense tapis couvrait l'escalier dans toute sa magnifique longueur.

A neuf heures moins un quart, les Princes ont été reçus par M. Laffargue, directeur des théâtres, qui, après avoir offert un bouquet à Mme la duchesse de Nemours, a conduit LL. AA. RR. à leur loge, en les précédant, un flambeau d'argent à la main, suivant l'usage. M. le maire donnait le bras à Mme la duchesse de Nemours et M. le duc de Nemours à Mme la comtesse d'Oraison.

On terminait alors le premier acte du *Roi d'Yvetot*. LL. AA. RR. se sont arrêtées quelques instans dans l'antichambre, et n'ont pris place sur le devant de leur loge qu'aux premiers accords de l'orchestre pour le deuxième acte. A ce moment, tout le monde s'est levé, et de bruyantes acclamations sont parties de tous les points de la salle. LL. AA. RR. se sont inclinées à plusieurs reprises, et se sont assises dans l'ordre suivant : M. le duc de Nemours à la droite de la princesse, qui avait à sa gauche Mme la comtesse d'Oraison ; M. le duc d'Aumale à la droite de son frère.

LL. AA. RR. ont paru écouter avec plaisir la musique d'Adolphe Adam. Toutefois M. le duc d'Aumale n'a pas attendu la fin de l'acte pour quitter la loge royale et se dérober aux ovations du départ. Sa voiture l'attendait à la porte du théâtre pour le transporter au château de Belfort.

A la fin du deuxième acte, Mgr le duc et Mme la duchesse de Nemours sont partis, accompagnés jusque sous le péristile par M. le préfet, M. le maire, M. Gautier, adjoint, et les personnes de leur suite. Tout le public des premières s'était porté le long de l'escalier, pour les saluer encore une fois de leurs vivats.

C'est ainsi que s'est terminée cette journée, une des plus remplies du séjour de LL. AA. RR. dans nos murs.

Journée du 15 Septembre.

S. A. R. Mgr le duc d'Aumale avait choisi cette journée pour donner à la société Bordelaise une fête splendide dans les salons du château de Belfort. Si nous voulions une preuve nouvelle de la sympathie qu'ont excité parmi nous nos jeunes princes, nous la trouverions dans l'empressement que, malgré un temps affreux, toutes les personnes invitées à la fête de Mgr le duc d'Aumale avaient mis à répondre à son appel gracieux.

En effet, pendant toute l'après-dînée, et en dépit des bourrasques épouvantables qui sont venues plusieurs fois changer les chemins en torrents, la route de Saint-Médard n'a pas cessé d'être sillonnée par les plus brillants équipages. Partout sur leur parcours, les propriétaires avaient réuni, dans les pavillons de leurs villas, de nombreuses sociétés, qui, l'éventail ou la lorgnette à la main, semblaient assister à un spectacle champêtre, du fond de leurs loges de feuillages. Un grand nombre de curieux se pressait également aux portes et aux fenêtres des auberges; et le village de Saint-Médard tout coquet, tout bruyant, tout pavoisé, respirait une gaité et une animation sans pareilles. A partir de ce point, il y eut un moment où l'on peut dire, sans exagération, que les voitures ne formaient qu'une longue file de Saint-Médard au château de Belfort. Des gendarmes échelonnaient la route et étaient posés à chaque sentier de traverse.

Le bal avait été fixé pour deux heures. De deux heures à quatre heures, les laquais de la maison de S. A. R. n'ont été occupés qu'à baisser le marchepied des voitures qui se succèdaient à tour de rôle sous le pavillon du château.

De nombreux valets de pied à la livrée rouge de la maison d'Orléans, ainsi que d'autres domestiques en culottes courtes et en bas de soie, se tenaient, à la porte d'entrée et sous le vestibule, à la disposition des arrivants, tandis que MM. les aides-de-camp du prince s'empressaient, avec leur courtoisie habituelle, de conduire les dames descendant de voiture aux places réservées pour elles.

Mgr le duc d'Aumale, circulant de salle en salle, recevait les invités avec la plus affectueuse cordialité, les appelant souvent par leur nom, et s'empressant autour des dames avec une exquise et royale galanterie.—A deux heures et demie environ, LL. AA. RR. Mgr le duc et Mme la duchesse de Nemours ont paru dans la salle de bal, qu'elles

ont parcourue pendant quelques instans, au milieu de l'empressement unanime, recueillant sur leur passage les témoignages non
équivoques d'une vive sympathie. Le Prince et la Princesse ont été
s'asseoir ensuite sur une estrade qui leur était réservée, et autour de
laquelle se groupaient, sur des banquettes de velours, un essaim des
plus élégantes et des plus jolies femmes de notre ville. Le visage de
LL. AA. semblait respirer le plus doux contentement, et un charmant
sourire se peignait sur les traits gracieux de la duchesse.

Mgr le duc d'Aumale a ouvert le bal, et a dansé le premier quadrille avec Mme la duchesse de Nemours, sa belle-sœur. Le Prince
a ensuite dansé avec Mme Leroy, femme de M. le préfet de l'Indre.

En ce moment, la salle de bal offrait un magnifique et splendide
coup-d'œil. Aux élégantes peintures, à la riche décoration de cette
salle, venait se joindre l'éblouissante féerie des toilettes et des uniformes. C'était là un mélange des plus piquans et du plus délicieux
effet. L'épaulette aux grains d'or s'étalait orgueilleusement à côté de
la gaze diaphane, et les ravissans bouquets des danseuses ne bril-
laient pas moins à leur ceinture que les crachats d'argent sur les fracs
chamarrés de leurs cavaliers. Plusieurs hauts personnages passaient,
portant à leur cou le cordon rouge de la Légion-d'Honneur ; ce
n'étaient que grands dignitaires, ducs et pairs de France, préfets et
généraux; on eut dit une succursale du palais des Tuileries.

Plusieurs officiers étrangers, russes, allemands, hongrois, s'étaient
rendus à cette fête et tranchaient par le luxe ou la diversité de leurs
uniformes. On remarquait surtout un jeune colonel du génie espagnol, qui portait, suspendue à sa poitrine, une éclatante brochette de
quatre ou cinq croix.

Tout avait été organisé avec le plus grand soin. A l'entrée, une
gracieuse pyramide de bouquets étaient destinés aux dames qui
auraient pu en manquer. Dans un boudoir attenant à la salle de bal,
plusieurs coiffeuses avaient été mises à leur disposition.

On a dansé plusieurs valses et un grand nombre de polkas. L'orchestre, qui était celui du Grand-Théâtre, s'élevait dans le fond de la
salle. Un autre orchestre, composé de la musique des régimens, était
placé dans les jardins, et exécutait des symphonies dans les intervalles de repos.

Mgr le duc d'Aumale a lui-même organisé plusieurs quadrilles, et
fait les honneurs du bal avec une grace et une amabilité parfaites.

S. A. R. a charmé toutes les personnes qui l'entouraient par son abandon et l'heureuse vivacité de son esprit. Il adressait la parole à chacun, se mêlant à tous les groupes et répondant avec bienveillance aux questions qui lui étaient adressées.

Il est à remarquer que le matin depuis cinq heures, Mgr le duc d'Aumale, en compagnie de Mgr le duc de Nemours, avait assisté, à cheval, aux manœuvres du camp, et que son visage ne portait néanmoins aucune trace des fatigues de la journée.

A un certain moment, le nombre des quadrilles formés a tellement rempli la salle de bal, qu'une grande partie des spectateurs a été obligée de refluer dans les salles avoisinantes. On avait évidemment compté sur le beau temps et sur les promenades dans le jardin, et il est à regretter vivement que ces prévisions n'aient pas été réalisées, car la fête aurait gagné le double en éclat et en confortable. Des pavillons avaient été dressés, pour les fumeurs, de chaque côté de la salle ; et de brillantes illuminations en verres de couleurs semblaient inviter à parcourir les jardins. Le tems a fâcheusement dérangé tous ces préparatifs, et là où le regard aurait aimé à rencontrer de belles promeneuses, on ne distinguait que des sentinelles perdues de distance en distance dans l'épaisseur des allées.

Entre cinq et six heures, les dames sont descendues dans la salle du buffet, située derrière la salle de bal, et dans laquelle on parvenait, de chaque côté de l'orchestre, par deux escaliers en bois. Cette salle, ou plutôt cette tente, avait été décorée avec cette élégante simplicité qui est la marque distinctive du véritable luxe. Dans le fond, un double rang d'étagères supportait des fleurs précieuses qui s'épanouissaient dans de riches vases, des montagnes de fruits reposant au milieu de la mousse et des édifices innombrables de pâtisserie. Sur trois grandes tables faisant le tour de la salle, se trouvaient accumulés, avec une prodigalité fastueuse, les mets les plus recherchés et les vins les plus exquis. Après les dames, est venu le tour des hommes ; la table a été deux fois servie et renouvelée dans son entier.

Pendant ce temps, on éclairait ou plutôt on illuminait aux bougies la salle de bal, dans laquelle les danses n'ont pas tardé à reprendre leur cours avec un nouvel entrain. Le château offrait alors l'aspect le plus animé ; des tables de jeu avaient été dressées dans un vaste salon attenant aux appartements du prince; d'un autre côté, plusieurs

dames avaient envahi le petit salon de billard, transformé ainsi tout-
à-coup en salon de conversation, où régnait la plus agréable intimité.
Des laquais faisaient abondamment circuler des plateaux couverts de
glaces et de punch.

Le nombre des invités pouvait être évalué à deux mille. Bordeaux
avait envoyé là tout ce qu'il a de beauté, de mérite et de richesse, ses
femmes du monde, ses magistrats, ses notabilités de toute sorte.

C'étaient d'abord nos autorités et nos principaux chefs d'administration, nos députés, nos conseillers de préfecture et du Conseil
municipal, les hauts fonctionnaires de la Cour royale, les membres
de la Chambre et du Tribunal de commerce, les consuls, etc. Puis
ensuite les étrangers venus des départements circonvoisins, de Paris,
de plus loin encore, et parmi lesquels nous citerons M. le duc de
Fezensac, inspecteur-général d'artillerie ; M. le général de Rumigny,
aide-de-camp du Roi ; M. de Saint-Marceau, préfet du Gers ; M. le
duc de Glucksberg ; M. Ferdinand Leroy, préfet de l'Indre, etc., etc.

Ce n'est que vers les dix heures que l'on a songé à se retirer. Les
danses étaient alors fort animées, et l'on nous assure qu'elles se sont
prolongées encore pendant très-longtemps.

Ainsi s'est passée cette fête brillante à laquelle les fils du Roi des
Français avaient convié la population bordelaise, en reconnaissance
de l'accueil sympathique qu'ils ont rencontré parmi elle. Cette fête
a été pour LL. AA. RR. une nouvelle occasion de déployer les nombreuses qualités de leur cœur et de leur esprit, et de conquérir de
nouveaux droits à notre affection.

Journée du 16 Septembre.

Une de ces solennités où les fleurs et les fruits, ces belles créa-
tions de la nature, jouent les plus beaux rôles, a eu lieu ce jour-là
dans la salle du Grand-Théâtre.

La société d'horticulture de la Gironde avait prié Mme la duchesse
de Nemours de vouloir bien honorer de son auguste présence son
exposition annuelle de fleurs et de fruits, et la distribution des
médailles d'or qu'elle a coutume de décerner aux horticulteurs dont
les produits se font distinguer.

Dès midi, un piquet de dragons et de soldats d'infanterie avait été
disposé sur la place de la Comédie pour garantir les abords du Grand-
Théâtre, maintenir la foule et protéger la circulation des invités.

L'ouverture des portes avait été annoncée pour deux heures, mais longtemps avant, le public avait été admis à prendre ses places. Le nombre des billets distribués correspondant strictement au nombre des places disponibles, rendait tout désordre impossible. Nous ne saurions trop louer à ce propos les mesures pleines de sagesse et de prévision adoptées par MM. les commissaires de la fête, et le zèle dont ils ont fait preuve pendant toute la durée de cette charmante cérémonie.

La salle et ses abords avaient été décorés avec une rare magnificence. Le beau vestibule du Grand-Théâtre préparait admirablement, par l'élégance de sa décoration, aux splendides féeries de l'intérieur. Dans les bas côtés, de superbes arbustes dont les tiges sortaient comme par enchantement de monticules de mousses émaillés de dalhias, formaient des massifs pleins de grace et de bon goût. La main courante de l'escalier était recouverte également de mousse dans laquelle on avait fixé des têtes de dalhias dont les couleurs, aussi variées qu'éclatantes, produisaient le meilleur effet.

L'intérieur de la salle n'était pas disposé avec moins de goût et de bonheur. Un plancher avait été jeté sur le parterre et sur l'orchestre, de sorte qu'on communiquait de plein pied de l'extrémité des galeries à l'extrémité opposée; des chaises en grand nombre avaient été placées sur le faux plancher du parterre. Au milieu, on avait conservé une large allée pour faciliter la circulation.

Une barrière en guirlandes de feuillage, où d'innombrables fleurs étaient enlacées, s'élevait à partir des deux loges d'avant-scène, et ménageait un espace garni des deux côtés d'élégantes banquettes réservées aux dames patronnesses. Un des plus grands et des plus frais décors de salon, dans lequel avait été placée la musique de l'artillerie, formait le fond de la scène. Une large nappe de mousse toute bigarrée de fleurs de dalhias occupait le milieu. A l'extrémité de cette belle pelouse d'un magnifique effet, et autour de laquelle on avait ménagé une large allée couverte d'un tapis, s'élevait une longue table recouverte d'une draperie rouge destinée au bureau de la Société.

A gauche, une estrade décorée de fleurs et de verdure avait été dressée pour S. A. R. Mme la duchesse de Nemours; vis-à-vis et de l'autre côté de la salle étaient trois fauteuils pour Mme la marquise de Castelbajac, présidente, et Mmes Roullet et Baour, vice-présidentes.

N'oublions pas d'ajouter que la salle était éclairée *a giorno* par le lustre principal auquel on en avait ajouté seize autres de grande dimension, et par les girandoles du pourtour. Du haut des galeries, le regard plongeant dans l'immensité de cette nef toute resplendissante de lumières et de toilettes de la dernière élégance, jouissait d'un spectacle vraiment magique.

Un détachement de garde nationale faisant la haie dans l'escalier, et la musique de la garde nationale placée dans le pas-perdu attenant à la salle des Concerts, complétaient les dispositions prises pour concourir à l'éclat de cette fête brillante.

A trois heures, S. A. R. Mme la duchesse de Nemours, accompagnée de Mme d'Oraison et de M. le général Boyer, fit son entrée dans la salle, au son des fanfares. MM. les commissaires étaient allés recevoir S. A. R. à la descente de sa voiture. Une députation de dames patronnesses s'était également portée à l'avance de S. A. R. jusqu'au bas du second escalier du vestibule.

Avant d'entrer dans la salle, la Princesse, qui avait accepté le bras de M. le maire, président de la Société, a parcouru les deux salles où étaient exposées les collections de plantes qui ont pris part au concours.

A l'arrivée de Mme la duchesse de Nemours, toute la salle s'est levée en masse, et a salué, avec les marques de la plus vive sympathie et du plus profond respect. S. A. R. ayant pris place sur l'estrade réservée, Mme d'Oraison à sa gauche, M. le maire, président, s'est levé et a ouvert la séance par le discours suivant :

« Madame et Messieurs,

» C'est la seconde fois que j'ai l'honneur de présider la Société d'horticulture de la Gironde. A l'époque de sa première réunion j'étais peu confiant, je l'avoue, dans son avenir : elle sortait d'une crise qui avait menacé son existence, et mon insuffisance devait naturellement me faire craindre de ne pouvoir pas la relever. Les efforts réunis de tous nos sociétaires, ceux de nos dames patronnesses surtout, ont replacé la société au rang qui lui appartient.

» Mais ce qui désormais assurera sa durée, et j'ose dire sa prospérité, c'est le haut patronage que Mme la duchesse de Nemours et nos princes veulent bien lui accorder; leur présence à cette réunion prouve tout l'intérêt que LL. AA. RR. portent au développement de la culture des jardins, l'une des branches les plus utiles de l'agriculture.

» Je ne devrais peut-être aujourd'hui, messieurs, en présence d'une aussi noble, d'une aussi gracieuse princesse, je ne devrais, dis-je, vous parler que de la partie agréable de l'agriculture, c'est-à-dire de la culture des fleurs. Mais S. A. R., dont le jugement est si éclairé, me blâmerait sans doute de passer entièrement sous silence la partie la plus utile de l'horticulture, celle du jardinage proprement dit, destinée à nous procurer des légumes et des fruits savoureux.

» Notre Société a pour but, en effet, de développer la culture des plantes légumineuses et des fruits, pour fournir ainsi à bon marché, aux classes pauvres, une nourriture saine et abondante ; aux classes riches un ornement pour leur table, en même temps qu'un aliment suave et rafraîchissant pendant les jours brûlants de l'été.

» Jusqu'ici, il faut le dire, cette culture a été un peu négligée chez nous ; nous nous sommes trop fiés à la nature, oubliant que c'est une mère avare qui ne récompense ses enfans qu'autant qu'ils méritent ses faveurs par un travail assidu. Néanmoins les progrès sont sensibles, et tout fait espérer qu'avant peu nous pourrons rivaliser avec la capitale.

» Mais laissons de côté Pomone pour n'adresser notre culte qu'à Flore, la déesse des fleurs. Comment ai-je pu l'oublier un moment, au milieu de tant de gracieuses dames, vouées à son culte et qui reflètent autour de moi son image !

» Le goût des fleurs a pris, depuis quelques années, un développement inconnu : c'est là un signe infaillible de progrès humanitaire, car la culture des fleurs est inséparable du calme de l'âme et des passions. Aussi la vit-on toujours se propager parmi les nations policées et en raison directe de leur civilisation. C'est donc une œuvre noble et grande que nous poursuivons en cherchant à développer ce goût parmi nos concitoyens, puisqu'il s'allie étroitement avec l'élégance des mœurs et l'urbanité.

» Rien n'est plus propre, en effet, à polir les mœurs, que la vue des fleurs. Tous les êtres animés semblent participer à nos passions ; les élémens renversent les ouvrages des hommes ; les hommes s'entre-détruisent ; la fleur seule est l'image de la douceur et de la paix ; elle n'use de sa courte vie que pour jouir de l'existence et répandre autour d'elle ses bienfaits. Sa forme est élégante et svelte, son odeur suave ; elle embellit la plus belle, embaume son haleine, parfume ses vêtemens, et ajoute ainsi au charme de la beauté ses plus séduisants appas.

» Aussi, dans l'antiquité, la culture des fleurs fut-elle confiée à une déesse, et c'est pour cela que nous avons mis la société des fleurs sous le patronage d'une noble princesse et sous celui des dames de Bordeaux, afin de lui assurer une prospérité durable.

» Puissent nos vœux être exaucés ! Puisse cette société prospérer à l'égal de ses aînées, répandre parmi nous le goût des fleurs et des jardins, et contribuer ainsi à l'embellissement de la vie ! »

15

Après ce discours, qui a été couvert d'applaudissemens, M. Ramat, secrétaire-général, a présenté le rapport de la Société ; M. Haussmann, sous-préfet de Blaye, rapporteur, a fait ensuite connaître les décisions du jury.

Les principaux lauréats ont été MM. Pelletrau, Berninet, Giqueux, Stern, Coudert, Journu, Castillon, Baour, Désarnaux, Gueyraud, Raymond, Crespy, etc.

Un charmant épisode, qui a paru vivement intéresser l'assemblée, a surgi au milieu de la distribution des médailles. Une toute jeune enfant, Mlle Eugénie Castillon, est venue, avec une grace et une modestie charmantes, recevoir des mains de M. le président la récompense décernée par le jury. M. le maire s'est empressé de quitter sa place et, prenant Mlle Eugénie Castillon par la main, l'a conduite à S. A. R., qui a daigné remettre elle-même la médaille au jeune lauréat. Mme la duchesse de Nemours y a sans doute ajouté quelque gracieux encouragement, car S. A. R. a retenu longtemps sur l'estrade la charmante enfant, qui paraissait l'écouter avec une émotion pleine de naïveté.

M. le président et M. l'archiviste ont présenté à Mme la duchesse, pendant la séance, au nom de la Société, quatre diplômes, dont un pour S. A. R., un second pour Mgr le duc de Nemours, et les deux autres pour Mgr le duc et Mme la duchesse d'Aumale.

Ces diplômes étaient renfermés dans des boîtes de satin blanc, véritables petits chefs-d'œuvre d'élégance et de bon goût.

S. A. R. a accepté cet hommage avec la plus grande bienveillance.

La cérémonie terminée, Mme la duchesse de Nemours a témoigné sa satisfaction pour l'éclat et le bon goût qui avaient présidé à cette fête splendide, et a regagné sa voiture, escortée de nouveau jusqu'à la portière par les personnes qui avaient eu déjà l'honneur d'aller là recevoir.

Maintenant, la Société d'Horticulture, assise sur des bases plus larges, et soutenue du puissant appui qui lui vient en aide, peut regarder son existence comme assurée, et se promettre les plus heureux résultats.

Pendant cette journée, Mgr le duc de Nemours s'était rendu au château de Belfort, pour assister à une manœuvre d'infanterie commandée par Mgr le duc d'Aumale. A huit heures, S. A. R. était à cheval et elle se dirigeait sur la lande du Tronquet, accompagnée de M. le lieutenant-général Castelbajac, du marquis de Laplace, inspecteur général d'artillerie, du lieutenant-général de Rumigny, aide-de-camp du Roi, de ses aides-de-camp et de ses officiers d'ordonnance. M. le duc d'Aumale l'avait précédée sur le terrain de manœuvre, où MM. les maréchaux de camp commandant les brigades l'attendaient.

Les manœuvres, commencées à neuf heures, se sont prolongées jusqu'à une heure, sans autre interruption que le repos obligé. Elles ont été fort belles, et M. le duc de Nemours a plusieurs fois complimenté son jeune frère sur les progrès manifestes de la division d'infanterie confiée à son commandement.

LL. AA. RR., après avoir déjeuné à Belfort, se sont rendues au camp d'infanterie. M. le duc de Nemours l'avait déjà visité une première fois, et le prince a pu s'assurer, en y revenant, que le temps qui s'était écoulé depuis cette époque n'avait pas été perdu par les soldats pour l'embellissement de cette lande aride. On ne saurait s'imaginer la quantité de petits ouvrages de sculpture et d'architecture, les dessins variés, les devises, les jardins et jusqu'aux jets d'eau qui ornaient le front de bandière sur une longueur de mille cinq cents mètres. Le dévoûment dynastique faisait à lui seul tous les frais des inscriptions qui décoraient le front des tentes. Il en était en prose et en vers; nous en avons remarqué une en latin. Mais la meilleure de toutes, parce que c'est assurément celle qui exprime, dans le langage le plus intelligible pour le soldat, un sentiment général, c'étaient ces trois mots que nous avons lus au-dessous d'un buste de S. M. Louis-Philippe : N° 1 *en Europe !* Cette inscription est l'œuvre d'un grenadier du 72me.

M. le duc de Nemours, accompagné du commandant en chef du camp, a parcouru toute la ligne du front de bandière, non sans s'arrêter fréquemment devant les ouvrages qui attiraient le plus particulièrement ses regards. S. A. R. s'est souvent détournée de sa route pour entrer dans les rues latérales, où elle passait en revue les troupes rangées le long des tentes, s'informant de tout ce qui peut intéresser le bien-être, l'instruction et la santé du soldat. Le prince a laissé partout des marques nombreuses de sa munificence. Une foule considérable était accourue, malgré l'incertitude du tems pendant les premières heures de la matinée, pour assiter à cette visite.

A quatre heures , LL. AA. RR. sont montées à cheval et se sont arrêtées un instant à la poudrière de Saint-Médard , qu'elles ont visitée. De là, elles se sont transportées au galop sur l'emplacement sablonneux du camp de cavalerie, qu'elles ont parcouru dans toute sa longueur. Arrivés à quelques mètres de la Jalle, les Princes ont assisté à un concours de voltige entre plusieurs cavaliers et sous-officiers de la brigade commandée par le général Chabannes. Ces exercices ont paru les intéresser vivement, comme preuve du soin donné par les chefs à l'instruction équestre des régimens. Un sous-officier du 1er lanciers, commandé par le comte Partouneaux, a surtout attiré l'attention de LL. AA. RR. ; et M. le duc d'Aumale a bien voulu lui accorder un des prix qu'il a institués pour récompenser l'adresse bien dirigée et la vigueur intelligente dans les différens corps qui composent sa division. Deux montres d'or, six montres d'argent, des couverts et des timballes d'argent, des fusils de chasse et des pistolets de prix, ont été ainsi distribués par la main du prince aux concours qu'il a établis, et dont il a suivi les progrès avec une vigilance si louable et si persévérante.

A cinq heures et demie, les princes se sont séparés, M. le duc de Nemours retournant à Bordeaux, et M. le duc d'Aumale, à Belfort.

Comme à l'ordinaire, un grand dîner a réuni au Palais les notabilités de notre ville et du département.

Après le dîner, S. A. R. Mgr le duc de Nemours a reçu en audience particulière MM. les membres du congrès vinicole. La députation était composée de MM. Dufort (Libourne), Redel (Paul), de Barrau , Bézian , Canot fils (Gers), Poujardhieu (Maine-et-Loire), Saunhac, Dufoussat, Berthon (Lot), Lafaurie (Bommes), Becquet (Bazas), Chicou-Lami (Brannes), Laperche (Libourne), de Coursou (Dordogne), Henry-Sabès, Eymeri, Beauvielle (Charente), Larroque, Jauret (Gers), Bossuet (Périssac), Paul Princeteau (Libourne), Gout-Desmartres (Charente-Inférieure), Apiau, Eloi Lacoste, Vergez, Sabès, du Périer, Hubert-Delille, Castéja (Gironde), de Chaumel (Médoc).

M. Princeteau, président du comité vinicole, a, dans un discours adressé au prince, retracé les souffrances des propriétaires de vigne, et fait l'historique de leurs nombreuses réclamations auprès du gouvernement. Il a terminé en demandant pour eux la haute protection de S. A. R.

Monseigneur le duc de Nemours a répondu :

« Monsieur le président, Messieurs,

» Je vous remercie des sentimens de confiance dont vous me
» donnez les preuves en m'exposant l'état de vos souffrances. Elles
» avaient déjà fixé mon attention. Tout ce que vous venez de me
» dire excite vivement toute ma sollicitude, et je tâcherai de
» m'éclairer davantage sur les causes de vos malheurs, en recueil-
» lant, sur la question des intérêts vinicoles, de nouveaux rensei-
» gnemens.

» Messieurs, vous avez déjà pressenti une partie de ma réponse
» en rappelant les limites dans lesquelles peut s'exercer l'influence
» des princes, agissant dans l'ordre légal d'un gouvernement cons-
» titutionnel. Les réformes dépendent surtout, vous le savez, de
» la majorité des Chambres législatives. J'aurai soin de parler de
» vos réclamations aux ministres et aux divers membres de l'admi-
» nistration. Je rapporterai également vos justes doléances au Roi,
» mon père, qui voudrait voir, soyez en certains, votre industrie
» participer à la prospérité générale.

» Je comprends combien vos intérêts sont graves et importants.
» Pour les aider à sortir en partie de leur fâcheuse position, il
» serait utile de toucher à des questions douanières, et on ne peut
» le faire qu'en heurtant des industries qui prospèrent au moyen
» des lois acquises ; je reconnais néanmoins que la vôtre a droit aux
» mêmes bienfaits, aux mêmes faveurs.

» Je vous réitère de nouveau la promesse d'étudier cette question
» si intéressante. Mes sympathies lui sont acquises ; et comment ne
» pourrais-je pas les accorder aux maux qu'éprouvent les proprié-
» taires de vignes, alors que j'ai reçu dans leur pays et de toute la
» population un accueil si flatteur et tant de marques de dévoue-
» ment pour le gouvernement du Roi !

» Pour mieux apprécier vos besoins, je vous prie, Monsieur le
» président, de me remettre votre discours. »

S. A. R. s'est ensuite entretenue avec plusieurs membres de la
députation, qu'elle a laissés sous le charme de sa bienveillance, et
leur a renouvelé au départ les sympathies dont elle est animée pour
tous leurs intérêts.

Journée du 17 Septembre.

Une grande partie de la population s'était portée dès le matin au camp de Saint-Médard, où devaient avoir lieu de grandes manœuvres. Ces opérations qui empruntaient un vif intérêt à la levée prochaine du camp, devaient être en outre rehaussées par la présence de LL. AA. RR. Mgr le duc et Mme la duchesse de Nemours, qui avaient promis d'y assister.

En effet, vers les huit heures, le prince est sorti de l'Hôtel-de-Ville avec quelques officiers supérieurs, se dirigeant vers le château de Belfort. Mme la duchesse de Nemours s'y est également rendue, vers les midi et demie, accompagnée de Mme la comtesse d'Oraison et de M. le général Boyer.

Les troupes se trouvaient réunies sur le terrain de Martignas, où elles ont exécuté le simulacre d'une grande opération de guerre.

Une foule nombreuse n'a pas cessé de suivre, avec le plus grand intérêt, les divers mouvemens des troupes.

A cinq heures et demie du soir, Mme la duchesse de Nemours était de retour du camp. S. A. R. Mgr le duc de Nemours a passé la nuit au château de Belfort.

Journée du 18 Septembre.

Le prince est revenu du château de Belfort à une heure et demie. Il est rentré immédiatement dans ses appartemens particuliers.

A quatre heures, la Chambre de Commerce a eu l'honneur d'être reçue par S. A. R. Monseigneur le duc de Nemours. Dans cette audience, qui s'est prolongée jusques vers six heures, toutes les questions intéressant le commerce de notre place ont été exposées au Prince, qui les a écoutées avec une attention soutenue et les a accueillies avec une bienveillance marquée. Le chemin de fer de Bordeaux à Cette, celui de Bordeaux à Bayonne, le canal latéral à la Garonne, la nécessité d'établir au plutôt des communications avec le centre et l'est de la France, la gare d'arrivée dans Bordeaux du chemin de fer de Paris, la question vinicole, l'hôtel des Monnaies, les travaux de la Pointe-de-Grave, la décroissance continuelle de nos armemens, la question des sucres, les paquebots transatlantiques, l'état de nos relations avec les diverses contrées et notamment avec la Chine, l'Inde, le Sénégal, l'Espagne et la Belgique, ont successivement formé le sujet de cet entretien, qui a permis à la Chambre de Commerce d'apprécier la parfaite intelligence de S. A. R. pour les besoins du commerce en général et particulièrement pour ceux de Bordeaux.

A l'issue de cette audience, le Prince a remis, au nom du Roi, à M. Damas junior, président de la Chambre de commerce, la décoration de la Légion-d'Honneur, en ajoutant que S. M. voulait à la fois, par cette distinction, récompenser son zèle et son dévouement pour les intérêts du département de la Gironde, et donner, dans la personne du président de la Chambre de commerce, une preuve d'estime et d'intérêt à tout le commerce bordelais.

Le soir, LL. AA. RR. ont admis à leur table :

MM. le général de Castelbajac, le préfet de la Gironde, l'archevêque de Bordeaux, l'évêque d'Agen, l'évêque de Beauvais, l'évêque de Limoges, l'évêque de St-Flour; de Latour, vicaire-général; Martell, pair de France; Ferdinand David, député; Billaudel, id.; Ducos, id.; Wustenberg, id.; Roul, id.; Hurault de Sorbée, maréchal-de-camp; Orville, intendant militaire; Fonvielhe, maréchal-de-camp (garde nationale); Alauze, colonel d'état-major (id.); Bouscasse, colonel (id.); Fieffé, colonel (id.); baron de Gajac, chef d'état-major de la 11me division; de Prigny, commissaire-général de la marine; Robinet de Plas, lieutenant de vaisseau; duc de Fezensac, lieutenant-général, pair de France; Feuilhade de Chauvin, député; Graulhié, doyen des horticulteurs de la Haute-Garonne et membre du jury d'horticulture de la Gironde; de Coquet, maire du Mas-d'Agenais, id.; Muraire, chirurgien-major de la marine royale, en congé, id.; Hausmann, sous-préfet de Blaye; Coudert, archiviste de la Société d'horticulture; le général Guillabert; le lieutenant-colonel Behagher, du 27me de ligne; le docteur Rollé.

Journée du 19 Septembre.

Ce jour avait été fixé pour la grande revue d'honneur qui devait cloturer la série des opérations du camp de la Gironde. Cette solennité militaire avait mis notre population entière en émoi. Nous n'exagérons pas en disant que quarante mille personnes au moins se sont rendues sur la lande du Tronquet pour y assister. Dès les premières lueurs du jour, Bordeaux offrait l'aspect d'un mouvement tout-à-fait inaccoutumé. Un immense fleuve de curieux avait pris son cours vers le village de Saint-Médard. Dans cet objet, tous les systèmes de locomotion avaient été mis en pratique. Sur le milieu de la route, ce n'étaient que voitures de tous les genres et de toutes les formes. A côté des équipages les plus élégants, on voyait s'avancer les véhicules les plus excentriques et les plus grotesques qu'il soit possible d'imaginer. Depuis les attelages les plus fringants jusqu'aux haridelles les plus poussives, tout avait été mis en réquisition. C'était une fusion et une confusion de tilburys, de cabriolets, de jardinières, de calèches à deux et à quatre chevaux, de fiacres, de citadines, d'omnibus et de charrettes, à ne rien voir d'égal. Ici, c'était un landaw emporté par de vigoureux chevaux de poste ; là, des chars fabuleux mis en mouvement par des coursiers impossibles, qui vous faisaient demander si c'était le char qui poussait les chevaux ou les chevaux qui entraînaient le char.

Les charretiers du port avaient installé sur leurs longues voitures, des banquettes en planches où il n'était pas rare de voir entassées vingt-cinq ou trente personnes qui, pour jouir d'un spectacle d'une heure, n'avaient pas craint d'effectuer trente kilomètres, au petit pas d'un lourd cheval.

De chaque côté de la route s'étaient établis deux courants d'intrépides piétons qui, n'ayant ni assez d'argent pour payer un fiacre soixante francs, prix courant du jour, ni assez de patience pour rester cloués pendant huit heures sur des civières traînées par des ânes, s'étaient décidés à faire la route à pied.

A mesure que l'on approchait du village de St-Médard, le spectacle ne perdait rien de son étrangeté et de son animation, au contraire. Chacun cherchait sur quelque clairière un coin de pelouse pour remiser son véhicule. D'immenses voitures de déménagement vomissaient de leurs larges flancs de véritables flots de créatures humaines au milieu des lazzis de la foule. Ce n'étaient que cris, claquemens de fouet, éclats de rire à étourdir un sourd.

Aussitôt le pied à terre, tout cela se dirigeait pêle-mêle, à travers un chemin que les pluies torrentielles de la dernière nuit avaient sensiblement endommagé, vers le champ de manœuvres qui fut bientôt entouré par une épaisse haie de curieux et de voitures sur une longueur considérable. Tous les arbres situés sur la lisière de la forêt qui borde le champ, étaient envahis par de nombreux individus qui avaient pris place sur leur faîte ; et ces grappes d'audacieux spectateurs pendus aux branches des pins les plus élevés, ne contribuaient pas peu, avec les habitans des landes juchés sur leurs longues échasses, à rendre encore le coup-d'œil plus pittoresque.

Les troupes étaient déjà rangées en ligne, l'infanterie sur le premier plan, la cavalerie et l'artillerie sur le second. A midi, S. A. R. Mgr le duc de Nemours, entouré d'un brillant état-major, arrivait sur le champ de manœuvres. Mme la duchesse de Nemours suivait de près son auguste époux, dans une calèche découverte trainée par quatre chevaux. Aussitôt les tambours de battre aux champs et les trompettes de sonner leurs fanfares.

La revue a commencé immédiatement. Mgr le duc de Nemours a passé devant toutes les lignes, a parcouru successivement tous les rangs et est venu prendre place sur une éminence pour la distribution des croix et des grades, dont il a remis lui-même les brevets. MM. Taillandier et le comte Polignac, le premier maréchal-de-camp commandant la 1re brigade d'infanterie, le second colonel du 25e léger, ont été nommés commandeurs ; quatre croix d'officiers ont été décernées à des officiers supérieurs ; quatre croix de chevaliers ont été accordées par régiment, et une à l'artillerie, génie et état-major.

Puis est venu le défilé qui a été fort brillant et a eu lieu dans le meilleur ordre. L'infanterie défilait par demi-section, la cavalerie par escadron et au grand trot. Les deux princes, entourés de leur état-major, s'étaient placés à cheval, l'un à la gauche, l'autre à la droite des troupes, et ils saluaient de l'épée chaque fois qu'un nouveau corps défilait devant eux ; les musiques des deux régimens de chaque brigade réunies faisaient entendre des airs guerriers pendant le défilé de la brigade.

LL. AA. RR. Mgr le duc et Mme la duchesse de Nemours sont ensuite reparties pour Bordeaux, accompagnées jusqu'aux limites du champ de manœuvres, par une foule compacte qui n'a pas cessé de faire retentir les airs de ses cris d'enthousiasme.

A six heures et demie, un grand diner a réuni à la table du Palais de l'Hôtel-de-Ville : six officiers de la maison de Monseigneur, trois officiers de garde, M. et Mme Sers, M. et Mme Roullet, M. et Mme de Bastard, M. et Mme Damas, M. et Mme Bruno-Devès, M. et Mme de Lagrange, M. et Mme Leroy, M. et Mme Guestier, M. et Mme Pelleport, M. et Mme Wustenberg ; M. de la Seiglière, procureur-général ; M. Duffour-Dubergier, maire de Bordeaux ; M. le duc Decazes,

16

grand-référendaire ; M. le général Perrot ; M. le général comte de Chabanne ; M. le général de Rumigny, aide-de-camp du Roi ; M. Chabord, chef d'état-major du camp ; M. Gautier ; M. Champ-montaut, colonel d'état-major, M. le comte de Tauley, capitaine d'état-major ; M. de Lasalle, député ; M. le marquis de Casasola, colonel espagnol ; M. Bavedo, idem, idem ; M. Isla, idem, idem ; M. Buenago, idem, idem ; M. le marquis de Laplace ; Mme la duchesse Decazes ; M. le duc de Glucksberg.

Toute la soirée, il y a eu grande réception à laquelle ont assisté les notabilités de tous les corps militaires, administratifs, judiciaires et autres, de notre ville.

Mgr le duc d'Aumale avait également réuni au château de Belfort, dans un banquet d'adieu, tous les officiers supérieurs du camp de Saint-Médard.

Journée du 20 Septembre.

Le départ de LL. AA. RR. s'est effectué au milieu d'une affluence considérable de population, bien que l'heure et l'itinéraire n'en eussent pas été annoncés officiellement.

Deux parcours se présentaient : l'un par les fossés des Carmes, Saint-Éloi, Bourgogne ; l'autre par les fossés de l'Intendance et les quais. Vers sept heures et demie, pendant que la population si nombreuse des quartiers du Sud stationnait sur la ligne du premier parcours, les différents corps de la garde nationale, musique en tête, débouchaient sur les fossés de l'Intendance, se rendant au palais de l'Hôtel-de-Ville. Arrivée à la hauteur des bureaux du *Courrier de la Gironde*, la garde nationale fit une halte et s'empressa de se mettre en ligne. Un officier d'état-major accourait à toute bride, précédant de quelques minutes seulement la calèche des princes.

Bientôt, en effet, parut la voiture de voyage escortée de la garde nationale à cheval, entourée et suivie par une foule considérable qui faisait retentir les airs des cris de vive le Roi ! vive M. le duc de Nemours ! vive Mme la duchesse de Nemours !

Madame la duchesse de Nemours occupait le siège du fond avec Mme d'Oraison. Mgr le duc de Nemours était assis sur le devant, ayant à ses côtés M. le général Boyer. Mgr le duc de Nemours et Mme la duchesse saluaient avec effusion, à droite et à gauche, et paraissaient vivement émus des manifestations dont ils étaient l'objet. Le passage de LL. AA, RR. devant le front de la garde nationale a eu tout le caractère d'une véritable ovation ; il était facile de voir sur le visage de LL. AA. l'expression de la profonde reconnaissance , que cet accueil si plein de cordialité et d'élan faisait naître dans leur cœur.

M. le préfet et M. le maire attendaient LL. AA. RR. à La Bastide. C'est là que se sont faits les adieux, dans lesquels le prince et la princesse ont renouvelé tous leurs remercimens pour la réception si touchante qui leur a été faite dans le département. LL. AA. RR. ont ensuite changé de voiture et sont parties au train de poste, escortées jusqu'aux Quatre-Pavillons par la garde nationale à cheval.

Partout, sur leur passage, LL. AA. RR. ont été saluées par les acclamations des habitans de nos campagnes. A leur arrivée sur le territoire de la commune de Saint-André-de-Cubzac, LL. AA. RR. Mgr le duc et Mme la duchesse de Nemours ont été reçues par M. Teinturier, maire de la commune, accompagné des membres du conseil municipal et des principaux habitans, auxquels était venue se joindre l'élite de la population de Saint-André.

M. le maire a adressé à LL. AA. RR. les paroles suivantes :

« Monseigneur et Madame,

» Il y a indiscrétion , témérité peut être, à nous, pauvres habitans de Cubzac, de vouloir mêler nos faibles harangues à celles plus éloquentes et plus dignes de leur sujet, que les grandes populations viennent de faire entendre à Vos Altesses Royales; mais, nous aussi, nous sommes pénétrés de respect et de dévoûment pour nos princes, parce que leur sollicitude s'étend sur les plus humbles campagnes, comme sur les plus magnifiques cités.

» Et ce n'est pas la première fois, Monseigneur et Madame, que nous est donné le bonheur de saluer le passage des fils de notre Roi bien aimé ; il y a cinq ans qu'ici, sur ce même monument du génie national, qui fixe en ce moment l'attention de Vos Altesses Royales, un prince, votre auguste frère, [si fatalement enlevé à la France, si digne de ses regrets, daigna s'arrêter au milieu de nous, et recevoir, par mon organe, l'expression de nos hommages respectueux..... Hélas! pourquoi faut-il qu'une vive douleur se mêle à ce précieux souvenir !

» Monseigneur, en vous confiant le soin d'accomplir sa haute destinée, la France n'a fait qu'apprécier en vous les nobles qualités qui vous en rendent digne. Puisse la Providence exaucer les vœux bien sincères que nous faisons ici pour votre bonheur particulier, pour le vôtre aussi, Madame, vous dont les vertus méritent tant de récompense, et pour celui de cette royale famille qui fait, depuis quinze ans, l'orgueil et l'espoir de notre belle patrie. »

Après ce discours, Mlle Ribettes, de Cubzac, jeune enfant de sept ans, a été admise à offrir un bouquet à Mme la duchesse, et lui a adressé un petit compliment, auquel la princesse a répondu avec beaucoup de bonté.

Les mêmes ovations et les mêmes acclamations enthousiastes ont signalé partout le passage de LL. AA. RR., jusqu'à la limite du département.

C'est ainsi que s'est achevé le voyage de LL. AA. RR. Mgr le duc et Mme la duchesse de Nemours à Bordeaux et dans le département de la Gironde. Ce voyage a été une occasion solennelle, pour nos contrées, de faire éclater les sentimens d'affection et de dévouement dont leurs habitans sont profondément animés pour le Roi et la famille royale. Il a fait connaître les riches qualités de cœur et d'esprit dont les princes sont si heureusement doués : l'urbanité exquise et l'affabilité charmante de Mgr le duc de Nemours ; la grace inexprimable et la bonté sans bornes de Mme la duchesse.

Nos populations conserveront longtemps le souvenir du voyage à Bordeaux de LL. AA. RR. Mgr le duc et Mme la duchesse de Nemours.

FIN.

www.ingramcontent.com/pod-product-compliance
Lightning Source LLC
Chambersburg PA
CBHW071834090426
42737CB00012B/2244